Sylvie Vartan

Avec la collaboration de Lionel Duroy

Maman…

Récit

XO ÉDITIONS

XO Éditions, 2016.
ISBN : 978-2-84563-826-6

À la mémoire de ma mère.

Pour Cameron, Darina, Emma,
Ilona, Nicolas, Michaël et David.

« Elle avait des yeux où il faisait si bon vivre
que je n'ai jamais su où aller depuis. »

Romain Gary
La Promesse de l'aube

1

L'oiseau noir

Cela fait seulement quelques semaines que nous sommes en France, papa, maman, mon frère Eddie et moi. Nous partageons une chambre dans un hôtel bon marché, rue Montmartre, à quelques pas des Halles. J'ai huit ans, on m'a inscrite à l'école communale de la rue de la Jussienne où je m'efforce de comprendre ce que dit la maîtresse. Nous arrivons de Bulgarie, je découvre la honte d'être différente – mes vêtements, mes souliers montants, cette langue que je ne parle pas. Mon soulagement quand je retrouve les miens le soir ! Nous dînons dans notre chambre, dans notre langue. Nos parents n'ont jamais douté de la France et leur grand rêve est sur le point de s'accomplir. Nous avons tout perdu, mais nous sommes libres. Nous avons un toit sur la tête et papa vient de trouver un travail aux Halles pour le payer. Maman est réconfortée, lumineuse, je n'ai qu'à croiser son regard couleur de miel pour savoir que nous sommes sauvés.

De nos derniers mois en Bulgarie, je garde le souvenir glaçant des disparitions. Un jour c'est notre voisine. On l'a croisée la veille dans la queue, devant la boulangerie, et ce matin-là on apprend que les hommes de la milice sont venus la chercher. Soudain, il ne faut plus prononcer son nom ni évoquer le sort de ses deux enfants. Maman semble paralysée, puis elle peine à trouver les mots : « On ne sait pas, ma chérie, mais ne te fais pas de souci, il faut attendre, il faut espérer. » Et un instant plus tard : « Chut, tu me le diras tout à l'heure à l'oreille. Ici, dans la rue, des gens peuvent nous entendre. » Puis c'est au tour de notre médecin d'être arrêté. Les miliciens encore. On apprend la nouvelle sur le trottoir, en patientant dans la file pour avoir un peu d'huile et de farine. Au retour, maman demande de nouveau à papa d'accrocher le portrait de Staline sous notre fenêtre. « Fais-le, Georges, je t'en supplie. » Désormais, quand je croise les hommes de la milice j'ai le cœur qui cogne et aussitôt je grimpe les quatre étages jusque chez nous pour vérifier que maman est toujours bien là.

Beaucoup de gens disparaissent autour de nous, parfois la nuit on entend des coups de feu près du canal, et cependant à aucun moment je ne songe à la mort. Je suis terrifiée à la perspective qu'ils puissent emmener maman, qu'elle disparaisse à son tour, mais jamais l'idée de sa fin ne m'effleure. Avec le recul, je vois clairement que la mort est encore inconcevable pour l'enfant que je suis.

Et c'est à l'école communale de la rue de la Jussienne, en France, à Paris, alors que tout danger semble définitivement écarté, que subitement le spectre de l'oiseau noir me frappe au cœur. Curieusement, je ne conserve aucun souvenir de l'événement qui me fait entendre que nous sommes éphémères, ou plutôt que les adultes sont éphémères, mais je me rappelle combien je suis troublée en regagnant notre chambre d'hôtel. Maman vient d'être embauchée dans la triperie où travaille papa et désormais je suis seule le soir en attendant son retour. C'est à elle que je me suis mise à penser quand j'ai compris pour la mort, très lentement, pas à pas, comme on s'approche du vide au sommet d'une falaise, ne parvenant pas à croire qu'une telle chose soit possible. Je n'ai pensé ni à mon père ni à Eddie, ni à moi bien entendu, mais à maman, à maman seulement parce que la vie m'est apparue tout simplement inimaginable sans sa présence.

Sans doute suis-je parvenue à me figurer la mort pour une personne de l'école, à me figurer que jamais nous ne reverrions cette personne puisqu'elle était à présent sous la terre – c'était donc cela la mort, être enfoui sous la terre –, mais comment envisager que maman, de la même façon... Non, ça ne se pouvait pas. Pour d'autres, peut-être, mais certainement pas pour elle. Elle allait me le confirmer à son retour, elle allait éclater de rire en me pressant dans ses bras : « Quelle idée, ma petite chérie ! Mais non, mais jamais voyons ! »

Je la regarde préparer la soupe en sachet Maggi sur le réchaud à alcool, celle aux champignons, ma préférée, je laisse passer le dîner parce que je devine que mon père et Eddie ne comprendraient pas et j'attends que nous soyons tous couchés. Comme il n'y a que deux lits, Eddie et papa dorment ensemble et moi je partage celui de maman. Papa s'endort tout de suite, car il commence ses journées aux Halles à deux heures du matin, tandis que maman raccommode ce soir-là. Je peux la voir depuis notre lit, penchée sur son ouvrage – elle a entouré la lampe d'un journal pour tamiser la lumière et posé ses pieds sur le bidet parce qu'elle a peur des souris qui sortent la nuit quand le silence s'installe. Je n'ai pas sommeil, je me répète la question qui me trouble et je peux entendre battre mon cœur.

Enfin elle se lève, se prépare pour la nuit, et quand elle se glisse entre les draps je viens doucement me blottir dans ses bras. J'enfouis mon visage dans le creux de son cou, je cherche sa peau, sa chaleur, et quand je sens son souffle dans mes cheveux je m'entends dire tout bas :

— Dis, maman, tu ne vas pas mourir, hein ?

Elle a comme un petit rire, un spasme minuscule.

— Mon trésor ! Qu'est-ce qui te fait penser que je pourrais mourir ? Regarde comme nous sommes heureux. Tout va bien, nous ne risquons plus rien.

— Mais dans longtemps… Dans longtemps, est-ce que tu vas mourir ?

— Nous partons tous, ma chérie. Mais dans si longtemps que tu ne dois pas t'inquiéter pour ça.

— Nous partons pour où ?

— Pour le Ciel. Et là-haut nous retrouvons tous ceux que nous avons aimés.

— Si longtemps c'est combien de temps ?

— Des années et des années. Tant d'années que tu ne peux même pas les imaginer. On ne se perdra pas, on se reverra, je te le promets. Et maintenant n'y pense plus, endors-toi. Je suis là et je t'aime.

— Pour toujours ?

— Oui, pour toujours.

2

Dans ses bras

Elle est partout présente dans mes premiers souvenirs. Je ne vois encore ni mon père ni Eddie, mais je la vois, elle. Ses yeux couleur de miel, son souffle sur ma joue, ses bras d'où je découvre l'étrangeté du monde.

Je dirais que la première image qui se grave dans ma mémoire est celle d'un village de montagne que j'identifie aujourd'hui comme celui de Lakatnik, au-dessus de Sofia. Durant la guerre, ma famille a fui la ville, bombardée par les Alliés, pour se réfugier dans ce bourg escarpé où je suis née – le 15 août 1944. La guerre est finie à présent, mais nous continuons de louer la maison de Lakatnik où nous revenons aux beaux jours. J'ai conscience de l'ombre qui monte de la vallée, de la nuit qui nous rattrape cependant que maman grimpe un chemin abrupt tout en soufflant et en me murmurant à l'oreille des mots qui me tranquillisent. En regardant par-dessus son épaule j'aperçois mon grand-père, Robert Vartan, le père de papa. Il peine à nous suivre et, par moments, il me fait un petit signe, ou un sourire sous sa moustache. Et puis nous arrivons à la maison et en y entrant je suis surprise par le froid, et aussi par cette drôle d'odeur qui émane des murs. La chaux gorgée d'humidité. Sans doute est-ce que je frissonne parce que maman me serre contre elle à me casser tout en m'embrassant. Nous traversons une pièce toute blanche qu'illumine une ampoule au plafond, maman va vers la fenêtre, elle l'ouvre sur la nuit, sur les lumières du village en contrebas, et elle me parle, me parle, sans cesser de me caresser la joue et de m'embrasser. Pourquoi est-ce que j'imagine aujourd'hui qu'elle me dit de bien respirer l'air de la montagne ? Probablement parce qu'elle me l'a tant de fois répété par la suite.

Un autre jour je suis encore dans ses bras, mais à Sofia, dans la maison de mon grand-père où nous habitons. Nous sommes dans la véranda et maman me montre le spectacle, dehors : des flocons de neige grands comme des mouchoirs qui tombent lentement du ciel et recouvrent petit à petit le jardin. Je veux les toucher, alors maman entrouvre la fenêtre et me laisse sortir un bras. Quand un de ces mouchoirs se pose sur ma main et y reste suspendu un instant, elle rit de ma sidération puis embrasse ma main et la réchauffe en soufflant dessus. Alors nous recommençons ce jeu d'attraper les flocons et bientôt je ris moi aussi.

Plus tard, quand je me tiens sur mes jambes, j'entre dans la cuisine où maman et ma grand-mère Slavka préparent le yaourt. La pièce est pleine de vapeur, les deux femmes portent de longs tabliers et elles ont recouvert les faitouts de lait d'une couverture. Je voudrais bien savoir ce qui se trame sous cette couverture. Ma grand-mère m'a défendu de m'en approcher, et je suis prévenue : si je la soulève, il n'y aura pas de yaourt. Des fées travaillent donc là-dessous, mais elles ne veulent pas qu'on les dérange et le lait ne se changera pas en yaourt si je cherche à les surprendre. C'est une sensation nouvelle et enivrante d'éprouver la peur, de tourner autour des faitouts, de songer que je pourrais quand même soulever la couverture tout en sachant que je ne risque rien, que les fées ni personne ne peuvent rien contre moi puisque maman est là.

Maman comble toutes mes attentes. Elle incarne la sécurité, je n'ai qu'à croiser son regard pour savoir combien je suis aimée, précieuse, protégée. J'imagine alors que les frontières du monde se confondent plus ou moins avec celles du jardin de mon grand-père et comme je n'ai aucune notion du temps qui passe je peux me figurer que la vie est éternelle et que la mienne va se dérouler ici, entre la maison et le jardin, sous l'œil immensément protecteur de ma mère.

Si je n'avais pas eu l'inconscience de mon âge, j'aurais pu cependant constater qu'à deux reprises, déjà, maman a cru me perdre, ce qui aurait pu entamer ma confiance aveugle en sa toute-puissance.

La première fois, à l'âge de seize mois, quand j'ai attrapé la scarlatine. On sortait tout juste de la guerre et beaucoup d'enfants mouraient à ce moment-là de cette maladie, faute d'antibiotiques. J'ai le souvenir d'une chambre d'hôpital très sombre, des bras de ma mère et d'un enfant qui hurle à côté de moi. « Ton père est parti en ville essayer de trouver du sérum, m'a raconté maman plus tard. La fièvre grimpait, grimpait. Le soir, tu ne réagissais plus, tu étais partie déjà. Je te tenais dans mes bras comme une petite balle de chiffon et je sanglotais. Alors je me suis agenouillée devant ma Vierge et j'ai prié. Je l'ai suppliée de te sauver. J'ai prié, prié. Le lendemain matin, tu respirais mieux. Je ne peux pas oublier ce jour, c'était le 18 décembre 1945. Je ne peux pas oublier... »

En vérité, je crois qu'en fait d'antibiotique, ce qui a contribué à me sauver, outre les prières, c'est certainement le lait maternel puisque maman m'a nourrie durant les deux premières années de ma vie.

C'est bien plus tard, en découvrant après sa mort un texte qu'elle avait écrit sur sa propre enfance, pour Eddie et moi, ses « chers petits », que j'ai soudain pris la mesure de son effroi quand elle m'a sue atteinte de la scarlatine. Car elle aussi avait failli en mourir, à la fin de la guerre de 14-18 et alors que les gens manquaient de tout pour se soigner. « On me transporta à l'hôpital, écrit-elle. Pendant plusieurs jours je restai inconsciente. Personne n'avait le droit de venir me voir, même pas ma chère maman. Les jours passèrent, la fièvre finit par tomber, et quand enfin je pus ouvrir les yeux, ce fut pour voir qu'on emportait ma petite voisine sous un drap blanc. Elle venait de mourir. »

Maman a donc cru revivre cette horreur avec moi, elle a prié, supplié la Vierge de me sauver et celle-ci l'a exaucée. Toute sa vie elle me répétera que ce fut un miracle. Je devrais écrire « supplier *sa* Vierge », car maman ne s'est jamais séparée de ce bas-relief en plâtre représentant la Vierge et l'Enfant, allant jusqu'à le maintenir accroché au-dessus de son lit dans les pires années du stalinisme, quand on « disparaissait » pour bien moins que ça.

Impuissante à me sauver de la maladie par son seul amour, maman devait m'offrir quelque temps plus tard un autre témoignage de sa simple humanité, de sa fragilité en somme, qui aurait dû m'ouvrir les yeux sur la gravité de la vie, pour ne pas dire sur sa tragédie.

C'était à Varna, sur la mer Noire, au mois d'août 1948. Nous avions loué une maison pour quelques jours de vacances et ce soir-là mon père devait nous emmener au cirque. Je revois maman arrangeant ses cheveux devant la coiffeuse. Puis je quitte la pièce pour descendre dans le jardin et comme le portail est resté ouvert je traverse la rue et marche vers la plage. Après, je ne sais plus. Combien de temps ai-je marché le long de l'eau avant de constater que mes socquettes étaient couvertes de sable et mes souliers de fête trempés ? Je me rappelle à quel point l'état de mes socquettes me contrarie, et c'est bien pourquoi je me mets en quête d'une fontaine et remonte vers la rue.

Entre-temps, mes parents se sont rendu compte de ma disparition. Varna est une station balnéaire qui attire des milliers de vacanciers et je viens seulement de fêter mes quatre ans. La plage est immense, la petite route côtière encombrée de calèches et de bicyclettes. Maman me dira que pendant deux ou trois heures ils ont imaginé le pire. Tandis que mon père alerte la police, elle file toute seule à ma recherche sur son vélo.

C'est elle qui me voit la première. Je suis pieds nus, occupée à laver mes chaussettes dans le petit bac sous la fontaine. Elle a laissé tomber son vélo et elle sanglote à genoux près de moi en me couvrant de baisers. J'entends : « Ma chérie, ma petite chérie, j'ai eu tellement peur ! » C'est la première fois que je vois maman pleurer. J'en suis sans doute surprise, peut-être même confusément troublée, mais ça ne va pas plus loin. Ses sanglots n'ébranlent pas encore mon ordre du monde.

Quatre ans plus tard, en revanche, quand nous fuirons la Bulgarie et que je reverrai ma mère pleurer dans le train, ses larmes marqueront pour moi la fin de mes tendres années.

3

1984

Je viens de fêter mes quarante ans et d'épouser Tony. Nous habitons Los Angeles. David a dix-huit ans, dans quelques mois il décrochera son bac et s'envolera vers d'autres horizons. Vingt-deux années se sont écoulées depuis mon premier Olympia. J'avais chanté *Panne d'essence*, avec Frankie Jordan, à l'époque plébiscité par les auditeurs de Salut les copains. Durant toutes ces années maman ne m'a pas quittée, à moins que ce soit moi qui ne l'aie pas lâchée. Elle était avec mon père à mon premier Olympia, le 26 décembre 1961. Ils étaient de nouveau là tous les deux pour la naissance de David, le 14 août 1966. Puis quatre ans plus tard, papa s'est éteint et nous l'avons pleuré ensemble, maman, Eddie et moi. Notre lien aurait-il été moins étroit si maman n'était pas devenue veuve à cinquante-six ans ? J'allais bientôt divorcer, me retrouver seule avec mon David, et sans maman j'aurais sans doute dû cesser de chanter, en tout cas de me produire en tournées en France et à l'étranger. Maman est ainsi devenue la « Néné » de David et n'a plus cessé de m'accompagner, de Rome à New York, de Paris à Los Angeles, en passant par Tokyo.

Mais soudain, en ce bel été 1984, je n'ai plus envie de ce tourbillon. Je veux partager du temps avec Tony dont je suis éperdument amoureuse, être auprès de mon fils pour l'ultime année de sa scolarité, et aussi, aussi... profiter de maman. Comment ça, « profiter de maman » ? L'ai-je quittée une seule seconde des yeux durant ces quarante années ? Non, et cependant ce matin-là à Los Angeles, tandis que je l'observe devant son café noir en train d'allumer sa première cigarette, une infinie tristesse me serre le cœur. Mon Dieu, me dis-je, je me souviens de tout, de ses bras qui me portent à Lakatnik, de ses larmes à Varna, de sa main qui me tient fermement dans la file d'attente, à Sofia, devant la boulangerie, tandis que passent les hommes de la milice, de sa joie rayonnante dans notre petite chambre d'hôtel, à Paris, alors que nous venons de tout quitter, de tout perdre – mais qu'est-ce que je sais d'elle en vérité ? Elle n'a jamais cessé de me tenir la main, d'être ma confidente, elle sait tout de moi, j'ai construit ma vie sous son aile protectrice et bienveillante, mais elle, Ilona Vartan, d'où tire-t-elle cette force qui nous a permis de survivre à la peur, à la perte, d'inventer nos vies, Eddie et moi, si loin de nos racines ? Elle est la mémoire vivante de tous les nôtres, de tous ceux que nous avons aimés enfants, nos grands-parents, nos oncles et tantes, nos cousins, nos amis, restés prisonniers dans ce pays que nous sommes les seuls à avoir pu fuir. Elle est à elle seule toute notre histoire, toute notre géographie, et jamais elle ne nous a raconté, jamais nous n'avons pris le temps de l'interroger. Il me semble soudain que ce temps-là pourrait me manquer tandis que je continue de l'observer tirant sur sa cigarette, son délicat profil creusé par les années. Adolescente, je trouvais que maman ressemblait à Ava Gardner que j'avais découverte dans *Mogambo* de John Ford. J'étais fière d'elle, je n'ai jamais cessé de l'être, et si par hasard elle m'attendait devant les grilles du lycée, ce qui était exceptionnel, je songeais secrètement qu'aucune des autres mères présentes ne lui arrivait à la cheville. Et comme subitement je me la rappelle la nuit où je l'avais interrogée sur sa mort, son imperceptible rire, n'est-ce pas, cette élégance toujours – « Nous partons tous, ma chérie. Mais dans si longtemps que tu ne dois pas t'inquiéter pour ça » –, je viens m'asseoir près d'elle et je caresse doucement la main qui ne tient pas la cigarette. J'aime tellement ses mains. Je me souviens que papa aussi les adorait. « Ilouchka, disait-il, tu as de si belles mains ! »

Elle sort de sa rêverie pour me sourire. Ses yeux ! Je n'ai jamais vu chez personne cette couleur d'ambre, de miel liquide.

— À quoi pensais-tu, maman, là, tout de suite ?

— Oh, ma petite cherrrie…

Son accent, sa façon de rouler les *r*. Elle continue de sourire, mais elle ne va pas me répondre, je vois ça.

— J'ai décidé de m'arrêter, maman. Je suis fatiguée de toujours courir, fatiguée des hôtels, des avions, des valises… Pour quelque temps au moins je ne vais plus quitter la maison, et prendre le temps de vivre.

— C'est bien, ma cherrrie, c'est très bien.

— Mais toi ? Toi aussi ça te fait plaisir ?

— Oh, moi, tu sais bien, je suis heureuse si je te sens heureuse.

— Je te regardais fumer ta cigarette tout à l'heure et j'ai pensé que tu ne m'avais jamais raconté comment tu as rencontré papa…

Elle sourit, il me semble que son visage s'illumine. Bientôt quinze ans que papa nous a quittés et durant toutes ces années nous avons soigneusement évité d'évoquer son absence pour ne pas raviver le chagrin chez l'autre. Quinze années suffisent-elles à cicatriser l'immensité de ce deuil ?

Elle se tait, mais je vois qu'un faible sourire continue d'éclairer son visage. Alors je me décide à poursuivre :

— Je n'ai jamais bien compris comment, étant hongroise, étant née en Hongrie, tu as pu croiser papa à Sofia… Que faisais-tu à Sofia dans ces années-là ?

— Oh, mon Dieu, c'est une longue histoire !

— À moins que ce soit papa qui t'ait rencontrée à Budapest ?

— Ah non, non, il me semble même que ton père est mort sans connaître la Hongrie. C'était à Sofia, nous nous sommes rencontrés à Sofia, et je crois bien que c'est moi qui l'ai remarqué la première fois. Il était beau, tu sais, mais il était trrrop petit… Je me rappelle l'avoir dit à mon amie Danka : « Regarde, Danka, regarde comme ce jeune homme est beau. Quel dommage qu'il ne soit pas un peu plus grand ! »

— Attends une seconde, je reviens tout de suite.

Je suis allée chercher ma petite caméra, je l'ai installée en travers du grille-pain et j'ai dit à maman qu'elle pouvait reprendre.

Entre-temps, elle avait allumé une autre cigarette, la deuxième de la matinée qui commençait.

4

Sur un traîneau piqué de perce-neige

Maman travaille dans une de ces luxueuses pâtisseries-salons de thé du centre de Sofia lorsqu'elle croise pour la première fois le regard de Georges Vartan. Elle a dix-neuf ans, elle est de nationalité hongroise. Sur les rares photos que je possède d'elle au milieu des années 1930, sous le règne de Boris III de Bulgarie, elle est d'une beauté éblouissante, le visage d'un ovale parfait, le front haut, les yeux en amande. Pourquoi habite-t-elle Sofia ? Et comment en est-elle venue à travailler dans une pâtisserie, elle si encline aux études, à la lecture, elle qui avait rêvé de devenir danseuse étoile ? J'ai encore en mémoire son chagrin quand elle m'a vue renoncer au baccalauréat, en 1962, pour embrasser une hypothétique carrière de chanteuse alors qu'elle m'imaginait déjà professeur d'université ou diplomate.

Oui, pourquoi Sofia ? Parce que son père, architecte, y a été envoyé par le gouvernement hongrois pour construire la Légation de Hongrie. Rudolf Mayer est alors réputé pour avoir édifié plusieurs bâtiments publics à Budapest ainsi que l'église de Kobanya, sa première grande œuvre. En 1928, les Mayer ont donc emménagé à Sofia. La famille compte six enfants : Rudolf, l'aîné, prénommé comme son père, puis Iochko, Mitzi, Roji, Ilona et Lili. Elle devrait en compter neuf, mais trois sont morts avant et pendant la guerre de 14-18, victimes de différentes épidémies, dont la terrible scarlatine. Les deux garçons, Rudolf et Iochko, sont destinés à devenir ingénieurs. C'est la volonté du père, et le père entend bien qu'on lui obéisse. Les filles termineront leurs « humanités », comme on dit à l'époque, c'est-à-dire de sérieuses études littéraires, puis on les mariera à de bons partis, officiers, magistrats, propriétaires terriens. Quand Ilona, l'avant-dernière (quatorze ans en 1928), a prétendu qu'elle voulait apprendre la danse pour devenir étoile à l'Opéra, son père lui a sèchement rétorqué que ça n'était pas un métier et la conversation s'est arrêtée là.

Qui sait ce qu'aurait été la vie d'Ilona Mayer, ma mère, si le destin lui avait été plus clément ? Sans doute aurait-elle rejoint la Hongrie à l'âge de se marier et peut-être aurait-elle échappé aux violences policières, à la peur de perdre les siens, au déracinement, aux souffrances de l'exil, même si la Hongrie, elle aussi, se retrouva sous le joug communiste.

Mais le malheur s'abat sur les Mayer : durant l'hiver 1932, le père meurt subitement d'un ulcère à l'estomac devenu hémorragique. Avec sa disparition, c'est tout le beau projet familial qui s'effondre. Les Mayer n'avaient pour toute fortune que le talent du père, et son étonnante force de travail ; ils se retrouvent donc du jour au lendemain sans un sou.

Il faut soutenir la mère, Rosa, qui tombe malade de chagrin. Il faut rapidement trouver du travail et les trois sœurs les plus âgées, Mitzi, Roji et Ilona, abandonnent leurs études pour se placer dans les élégantes pâtisseries de Mme Bertha. Il y en a plusieurs à Sofia, conçues sur le modèle des flamboyants salons de thé viennois, or il se trouve que Mme Berta avait de l'estime et de l'amitié pour Rudolf Mayer qu'elle recevait souvent dans un de ses établissements.

Maman se fait une amie, serveuse comme elle, Danka. « On riait beaucoup toutes les deux, me raconte-t-elle. Quand un beau garçon entrait, on se précipitait pour le servir. Il devait d'abord choisir ses gâteaux puis Danka ou moi lui apportions son thé. Un jour, j'ai vu entrer un jeune homme en uniforme de sous-officier. C'était au printemps et les soldats étaient en tenue blanche à la belle saison. Il était très brun, les cheveux légèrement ondulés, des yeux merveilleusement doux et les dents très blanches. J'ai appelé Danka : “Regarde celui-ci comme il est beau ! Quel dommage qu'il ne soit pas plus grand..." Il est revenu le lendemain, puis les jours suivants, et un après-midi il a dit au serveur en me désignant : "S'il vous plaît, dites à cette jeune fille qu'elle me choisisse un gâteau à son goût et me le porte." Je lui ai choisi une tartelette aux quetsches. »

Quelque temps plus tard, le jeune sous-officier vient l'attendre à la fermeture du salon de thé. « Il m'approcha, écrit maman dans ce texte sur son enfance et sa jeunesse retrouvé après sa mort (qui complète magnifiquement son récit oral devant ma petite caméra), et me dit très poliment : "Bonsoir, mademoiselle." Je lui répondis la même chose. Ô mon merveilleux amour, que tu étais beau ! Je t'ai aimé tout de suite, ta voix, ton regard, tes yeux comme du velours. Tout. Ce jour du mois d'août 1934, le 9, notre première rencontre. »

Peut-être est-ce le lendemain, ou le surlendemain, qu'il est de nouveau là, posté sur le trottoir, immobile et très droit dans son uniforme immaculé. Il entraîne la jeune fille pour une promenade et très vite lui déclare qu'il veut l'épouser. « Les aventures ne m'intéressent pas, lui dit-il, je veux que vous soyez ma femme. – Je ne suis pas libre, rétorque maman, je dois m'occuper de ma mère et de ma petite sœur. Et puis je vais vous dire quelque chose de pas très gentil : vous êtes trop petit. Voyez, je suis plus haute que vous ! » Alors papa, nullement découragé : « Mais la taille, ça n'a aucune importance, c'est la tête qui compte. Regardez Napoléon ! »

Maman se défend, mais elle est conquise depuis le premier jour.

C'est alors qu'apparaissent les difficultés. Ses sœurs aînées, et en particulier Mitzi, sont opposées à ce mariage. C'est un Bulgare ; une jeune fille hongroise, donc née dans un pays de grande culture, ne peut pas souhaiter épouser un Bulgare. « Et en plus, il est plus petit que toi ! »

Maman est si troublée qu'elle se résout à demander conseil à sa mère, la silencieuse et bienveillante Rosa. « Tu écoutes ton cœur, ma chérie, tu n'écoutes pas tes sœurs. Cet homme te demande en mariage, c'est à toi et à toi seule de décider. »

Ilona Mayer dit « oui » au jeune sous-officier, elle est sûre d'elle, à présent, et tellement heureuse ! Mais c'est compter sans l'avis des Vartan. Quand Robert Vartan apprend que son fils veut épouser une Hongroise, serveuse dans un salon de thé, il se dresse contre ce projet de toute sa hauteur. C'est un homme honorablement connu à Sofia, il dirige une compagnie d'électricité, il a voyagé à travers le monde, parle le français, et il a en outre un autre dessein pour son fils unique : le marier à une jeune Albanaise, issue d'une famille immensément riche et respectable.

Papa ne cède pas et menace de quitter la maison si son père se met en travers de son mariage. Alors sa mère joue les ambassadrices. Slavka se souvient qu'elle aussi fut d'abord rejetée par la famille Vartan et que pour l'épouser Robert dut s'enfuir avec elle, ce pourquoi d'ailleurs elle mit papa au monde en France où le couple s'était réfugié. On dirait bien que l'histoire se répète et Slavka, qui a bonne mémoire, vole au secours de son fils. Sous la pression de ce dernier et de sa femme, Robert Vartan accepte de rencontrer la jeune fille, sans pour autant capituler.

Maman n'a jamais oublié cette entrevue : « Ma petite belle-mère, dès qu'elle m'a aperçue, elle m'a embrassée. Le papa, lui, il a fait comme si je n'existais pas, il ne m'a pas adressé la parole. En moi-même, je pensais : "D'où sort-il celui-ci ? Pour qui se prend-il ? Nous, les Hongrois, sommes des gens fins et cultivés, on dirait bien qu'il ne le sait pas..." En repartant, j'étais furieuse, et comme ton père me raccompagnait, je lui ai dit : "Écoute, je t'aime beaucoup, mais je ne veux plus t'épouser. Ton père refuse ce mariage, il me regarde de haut comme si j'étais une moins-que-rien. Jamais il ne m'aimera." »

Dix-huit mois après leur première rencontre, les choses se sont apaisées et Ilona et Georges Vartan se marient enfin. Ils étaient tombés sous le charme l'un de l'autre le 9 août de l'année 1934 et voilà qu'ils se disent « oui », pour toujours, le 9 février de l'année 1936. Pour maman, venue au monde le 9 décembre 1914, le chiffre 9 demeurera à jamais comme une promesse de vie et de bonheur.

Sofia est sous un épais manteau de neige durant cet hiver 1936 et c'est donc sur un traîneau piqué de perce-neige qu'ils gagnent l'église. Je ne suis pas encore née, bien sûr, mais il me semble que cette scène, immortalisée par une photographie, a nourri à jamais mon univers féerique.

À partir de ce jour, Robert Vartan adopte Ilona comme sa propre fille. Il la respectera et l'aimera sa vie durant.

— Vous savez, mon enfant, lui déclare-t-il au lendemain du mariage, dans ma famille, les femmes ne travaillent pas. Je crois qu'il serait plus convenable que vous cessiez de fréquenter cette pâtisserie.

— Pardonnez-moi de vous contredire, bon papa, lui rétorque maman, ma mère est veuve, il lui reste ma petite sœur Lili à élever et je veux être libre de pouvoir l'aider, aussi je continuerai de travailler.

5

Un don du ciel

Sans doute le bel uniforme de sous-officier a-t-il compté dans son premier éblouissement, mais ce que maman découvre de Georges Vartan dans les jours et les semaines qui suivent, au fil de leurs promenades dans les rues de Sofia durant l'été et l'automne 1934, enflamme bien plus sûrement son cœur.

D'ailleurs, le jeune homme n'a pas la vocation des armes, s'il porte l'uniforme c'est simplement qu'il fait son service militaire. Sa véritable vocation ? La musique. Le piano en particulier, dont il joue depuis l'enfance. Oh oui, bien sûr, il dispose d'un piano chez lui et il accepterait volontiers d'en jouer pour la jeune fille le jour où celle-ci acceptera qu'il la présente à ses parents. Quand elle le décidera, rien ne presse.

Il compose également. Il n'a pas la vanité de se comparer aux compositeurs qu'il aime, Rachmaninov,

Ravel, Liszt, ou encore Schumann, mais écrire de la musique, dit-il, peut l'absorber toute une nuit. Il se sent alors partir très loin, loin de lui-même et de la société des hommes, un peu comme s'il rêvait éveillé.

Ainsi la musique occupe-t-elle une bonne partie de sa vie. Mais il peint également, et plus récemment il s'est mis à la sculpture.

Maman est touchée par sa sensibilité, par le raffinement de son vocabulaire lorsqu'il tente de lui expliquer combien la musique l'emporte et le bouleverse. Alors elle ose lui avouer qu'elle a longtemps rêvé de devenir danseuse, qu'il lui est arrivé à treize ou quatorze ans de faire quelques pas toute seule sur un air de Tchaïkovski, mais que son père n'a jamais voulu entendre son souhait.

— Il disait qu'être artiste n'est pas un métier.

Le jeune homme sourit tristement, car il s'est heurté au même refus lorsqu'il a déclaré à son père qu'il voulait être pianiste.

— Lui aussi m'a dit que musicien n'était pas un métier.

— Et vous avez renoncé ?

— Je n'ai pas renoncé à jouer, non, ni à composer ni à peindrc, mais j'ai dû accepter d'entrer dans la compagnie d'électricité que dirige mon père quand j'aurai terminé mon service militaire.

Maman comprend. Chez elle non plus on ne discute pas la volonté du père, et elle songe secrètement que Robert Vartan doit être fait du même bois que Rudolf Mayer.

Elle évoque la mort de son père, l'effondrement de ses rêves, et comme elle interroge le jeune sous-officier sur son enfance elle mesure combien il a été choyé et bien éduqué. Enfant unique élevé au lycée français de Sofia dans le culte de la France, de sa langue et de sa culture, selon le souhait de Robert Vartan, francophile convaincu, puis étudiant en économie et droit à l'université, quand elle, Ilona, a dû renoncer aux études pour servir dans une pâtisserie. Elle est sans doute traversée d'une sorte d'accablement en songeant à son maigre bagage comparé à tout ce que sait ce garçon, à son extrême richesse culturelle, capable aussi bien de diriger un service dans une grande compagnie que de donner un concert. Il est un peu trop petit, certes, mais il a raison de dire que c'est la tête qui compte et non la taille. Si elle n'était pas aussi fière, maman pourrait en éprouver un complexe, mais elle s'en défend, elle saura se rattraper. Est-ce que tout n'a pas été écrit dans les livres ? Elle a toujours beaucoup lu, elle va redoubler.

Maman pense que c'est le Seigneur ou la Vierge Marie qui ont voulu que les pas de ce garçon croisent les siens. Elle a la foi, elle ne croit pas au hasard. Après les multiples épreuves qui ont jalonné son enfance, l'arrivée soudaine de Georges Vartan lui apparaît comme un don du Ciel. Tout ce qu'elle aime, tout ce à quoi elle n'osait plus rêver, elle le retrouve en ce jeune homme : l'attirance pour la création artistique sous toutes ses formes, l'élégance et la droiture qu'elle vénérait chez son père, une extrême sensibilité qui lui donne le sentiment d'être comprise et lui permet de vaincre sa pudeur, enfin une façon de se poser, de regarder calmement les événements qui lui laisse deviner qu'elle pourra compter sur cet homme. « Il n'avait pas besoin de me parler de Napoléon. J'ai tout de suite vu que ton père était quelqu'un de solide, de courageux, que sa douceur et son romantisme ne cachaient aucune faiblesse. Et tu vois, je ne me suis pas trompée, il ne m'a jamais déçue. »

Puisque Georges Vartan lui demande sa main, elle commence à se projeter dans la vie avec lui. Ils évoquent ensemble ce qui se passe en Allemagne et leur dégoût commun de l'antisémitisme. Durant la Première Guerre mondiale, la Bulgarie du tsar Ferdinand de Saxe-Cobourg s'était rangée du côté de l'Autriche et de l'Allemagne. L'Allemagne de Hitler, dont s'est de nouveau rapprochée la Bulgarie, leur fait horreur et ils en ressentent les premiers effets à Sofia. Un enfant vient mendier devant le salon de thé et maman lui donne chaque jour des petits pains. Mme Bertha l'a prise à part : « Fais attention, Ilona, un officier allemand m'a fait une réflexion. Le petit est juif et l'officier t'a vue lui donner quelque chose. Reste chez toi deux ou trois jours, fais-toi oublier, je crains qu'il te fasse des ennuis. » Elle raconte à Georges l'anecdote et il la rassure : la Bulgarie n'est pas l'Allemagne et ce n'est pas Hitler qui y fera la loi. « Nous étions si insouciants ! Pas une seconde nous n'avons imaginé qu'il ne nous restait même pas cinq années pour profiter de notre bonheur. »

Maman entend bien continuer de servir à la pâtisserie pour aider sa mère. Elle sait que les femmes ne travaillent pas dans les familles bourgeoises, et en particulier chez les Vartan, comme le lui fera remarquer son beau-père, mais elle ne veut rien lâcher sur ses principes. Éprouve-t-elle le besoin de se justifier auprès de son fiancé ? Elle dit que cela aurait été inutile, que Georges a toujours respecté sa volonté.

Lui raconte-t-elle d'où elle vient, ce qu'a été son enfance au sein de sa famille, les batailles et les errances qu'ils ont connues avant de s'installer à Sofia ? Oh non, sûrement pas ! Tout cela, elle a attendu des années avant d'en parler à Georges, et encore ne lui a-t-elle jamais tout dit, par pudeur, et puis peut-être aussi par peur de l'effrayer.

6

Le temps des larmes

Ilona Mayer vient au monde en pleine guerre, dans une Europe déchirée, à feu et à sang. « Je suis née en Hongrie le 9 décembre 1914, écrit-elle dans ce grand cahier qu'elle nous a laissé. Ma mère n'était pas très contente, la pauvre, et elle a essayé par tous les moyens que je ne voie pas le jour. Mais elle n'a pas réussi, et je suis arrivée malgré tout. J'étais son cinquième enfant vivant. Mon père, par contre, était très heureux, et je crois que par la suite il m'a gâtée plus que les autres. »

Rudolf Mayer est alors mobilisé pour construire une usine de munitions dans les faubourgs de Budapest. La Hongrie s'est engagée dans la guerre au côté de l'Allemagne et la plupart des hommes jeunes sont déjà partis pour le front. Rudolf approche de la quarantaine – pour le moment, le gouvernement le juge plus utile à l'arrière qu'au feu. L'architecte a installé sa famille loin de la capitale, dans une ferme où il élève des porcs en marge de son métier. Les premiers souvenirs de maman datent de cette ferme, de sa vie à la campagne. « Naturellement, écrit-elle, j'ignorais ce qui se passait dans le reste du monde. J'étais très heureuse. J'accompagnais le berger dans la *puchta* (la grande plaine) avec les chiens. Je me cachais dans le foin, je regardais glisser les nuages. On m'a souvent grondée, mais le lendemain je recommençais. J'adorais ma grande sœur, Mitzi, elle était de dix ans mon aînée. Je l'appelais "petite maman". Elle me gâtait, me racontait des histoires fantastiques. Puis j'ai attrapé la rougeole, et à la suite de cette maladie mon œil gauche s'est infecté. Il a commencé à larmoyer sans cesse. Il ne fallait pas penser consulter un médecin, tout simplement il n'y en avait plus. Ma sœur Mitzi me soignait comme elle pouvait et, bien plus tard, cet œil m'a causé beaucoup d'ennuis. Mon premier gros chagrin a été la mort de mes quatre petits lapins. Quand mes frères les ont apportés, j'ai cru qu'ils étaient pour moi, que j'allais pouvoir les garder. Je me suis bien occupée d'eux, je les ai chéris tendrement. Je ne me rendais pas compte qu'on manquait de tout, qu'il y avait la famine, et les petits lapins ont fini dans une casserole. Le jour où mes frères me l'ont dit, j'ai beaucoup pleuré. »

Maman prend conscience de la famine qui ravage le pays un soir où elle aperçoit des soldats dépenaillés autour de la ferme. Ils marchent péniblement et semblent chercher quelque chose dans la terre. Sa mère, Rosa, se tient à ce moment-là près d'elle. Elle les regarde à son tour, et puis elle dit : « Ils ont faim, les malheureux. » « Alors ma pauvre mère est allée déterrer des betteraves qu'elle cachait pour nous et elle est partie les leur distribuer avec Mitzi. Dans mon souvenir, ils sont restés là plusieurs jours, en guenilles et sous des toiles de tente pour se protéger de la pluie. »

Cependant la guerre n'en finit pas, en trois années elle a emporté toute la jeunesse, et tandis que le pays s'enfonce dans la grande pauvreté et se noie dans les larmes, le gouvernement mobilise tous les hommes vaillants. C'est au tour de Rudolf Mayer de partir sous les drapeaux. Il est affecté au front nord, contre la Roumanie alliée de la France et de la Grande-Bretagne.

La famille n'a plus aucun revenu, tous les porcs ont été réquisitionnés depuis longtemps, alors Rudolf se résout à vendre la ferme avant de partir. Il s'en sépare pour une bouchée de pain, plus rien n'a de valeur dans le pays et il faut faire vite. Il veut mettre les siens à l'abri et décide d'envoyer sa femme Rosa et ses cinq enfants chez ses beaux-parents, à Budapest.

« Il faut quitter ma chère *puchta*, la maison de mes années les plus tendres, écrit maman. Je me rappellerai toute ma vie notre départ, à la gare. Mon père nous a installés dans le wagon et puis il est redescendu sur le quai pour nous dire encore au revoir à travers la fenêtre. Mais quand le train a commencé à rouler, j'ai vu qu'il pleurait. Mon père que j'adorais, qui était mon dieu, le plus grand, le plus beau, le plus fort... voilà qu'il pleurait en nous regardant partir. Comment était-ce possible ? J'ai senti une telle tristesse m'envahir que je me suis mise à pleurer moi aussi. »

La petite Ilona découvre ses grands-parents maternels, Élisabeth et Michaël. Ce dernier lui ouvre aussitôt ses bras. « Il était beau, grand, les cheveux légèrement ondulés, avec des yeux infiniment doux, écrit-elle. Maman lui ressemblait beaucoup. Tout de suite je l'ai aimé mon grand-père. Ma grand-mère Élisabeth avait les lèvres froides en m'embrassant. Elle n'a pas souri. Elle ne m'a pas plu du tout avec ses yeux noirs et froids. »

Tant que Rosa a suffisamment d'argent pour nourrir ses cinq enfants, les choses se passent à peu près bien. Mais bientôt elle n'a plus rien et Élisabeth n'entend pas nourrir sa fille et ses petits-enfants. « Elle a commencé à mettre le pain sous clé, se souvient maman, et à enfermer tout ce qui se mangeait. » Alors Rosa cherche du travail et en trouve dans une manufacture de vêtements militaires où les équipes de couturières se succèdent pour que le travail se poursuive jour et nuit. Bien qu'elle n'ait que quinze ans, Mitzi la rejoint bientôt. Les deux garçons trouvent également du travail. Cependant, les salaires sont misérables et ça ne suffit pas pour se nourrir.

« Certains soirs, écrit maman, on avait si faim, on se sentait si fatiguées, qu'on s'asseyait dans un coin avec ma sœur Roji pour attendre notre mère. On savait qu'elle nous rapporterait un peu de quoi manger. J'entends encore la voix de mon grand-père qui disait : “Élisabeth, si tu ne donnes pas à manger aux petites, je ne peux rien avaler.” Il repoussait son assiette, il n'était pas content. “Tu es bien bête, lui rétorquait notre grand-mère, leur mère va leur apporter bientôt quelque chose.” Mais notre grand-père ne touchait pas à sa soupe et Élisabeth finissait par nous donner de quoi tremper notre pain. »

Parfois, les petites sont trop affamées pour attendre et elles partent retrouver leur mère à la manufacture de couture. « On marchait, on marchait sur les boulevards de Budapest, pieds nus, car on savait que maman en nous voyant irait à la cantine prendre un peu de saucisson et de pain à crédit. Après avoir dégusté cela avec délice nous retournions à la maison. La route était longue et en arrivant chez nos grands-parents nous avions de nouveau faim. Quelquefois on s'arrêtait au bord d'un caniveau où flottaient des fruits pourris et on les mangeait avec appétit. À chaque coin de rue, on croisait des mutilés de guerre qui tendaient la main pour un sou. La misère était immense à Budapest. »

Les nouvelles du père arrivent avec parcimonie, et puis un jour Rosa apprend que son mari a été fait prisonnier par les Roumains. Combien de temps est-il retenu derrière les barbelés ? Maman ne sait pas. Elle se rappelle l'épuisement de sa mère, l'épidémie de scarlatine et sa mère pleurant auprès d'elle comme elle-même pleurera, trente ans plus tard, quand la scarlatine sera sur le point de m'emporter, mais elle n'a que quatre ans et n'a aucune notion du temps.

Enfin l'armistice est signé et Rudolf Mayer rentre de captivité. « Un jour, ô miracle, il est arrivé, écrit-elle. La guerre était finie. Tout de suite il nous a réunis autour de la table et moi j'étais assise sur ses genoux. Il nous a demandé de chanter avec lui *Volga, Volga* :

Volga, fleuve bleu,
Sous ton ciel de feu,
On chante, on souffre, on pleure,
On aime et l'on boit,
Espérant parfois

Une existence meilleure
On se grise et on se leurre…

Notre pauvre mère était si émue qu'elle pleurait. Mon Dieu, que j'étais heureuse dans les bras de mon père, bien au chaud ! »

7

Guirlandes et drapeaux rouges

La Hongrie sort de la guerre dans le camp des vaincus et la misère est effrayante à Budapest. Maman se rappelle les heures interminables à patienter pour obtenir un morceau de pain, les femmes et les enfants réduits à la mendicité, les soldats pieds nus couchés en travers des trottoirs, les mutilés couverts de haillons sous les premières neiges. La tuberculose fait des ravages, mais on meurt également de faim et bientôt de froid.

Comment survit la famille Mayer dans ce désastre ? Maman se souvient de son père partant chercher du travail, des files d'attente avec sa grande sœur Mitzi et, en dépit de la faim, du sourire de Rosa. « Ma mère était si contente que nous soyons de nouveau tous réunis. »

Le pays s'enfonce dans le chaos. L'Empire austro-hongrois est démantelé et, durant le mois de novembre 1918, tandis qu'à Paris on n'en finit pas de célébrer la victoire, la république est proclamée à Budapest. Mihaly Karolyi succède à Charles IV, roi de Hongrie et empereur d'Autriche.

Rudolf Mayer soutient Karolyi qui promet de remettre l'économie en marche et tente de récupérer les territoires perdus par la Hongrie aux termes des traités de paix. Mais, quatre mois seulement après son accession au pouvoir, Karolyi doit démissionner pour céder la place à un gouvernement communiste. Né de l'amertume de la défaite, fondé par d'anciens prisonniers de guerre récemment rentrés « convertis » de Russie soviétique, le Parti communiste hongrois est devenu en quelques semaines seulement l'un des plus puissants du pays.

Sous la tutelle d'un certain Béla Kun, encore totalement inconnu du peuple, les communistes proclament l'avènement de la « République soviétique hongroise » le 21 mars 1919.

« J'avais donc quatre ans et demi la première fois que j'ai entendu parler des communistes, écrit maman. Pour moi, c'était plutôt amusant. On allait sur les grandes places, soudain pleines de guirlandes et de drapeaux rouges frappés du marteau et de la faucille. On chantait *L'Internationale* à tue-tête. Je ne me doutais pas, à cette époque-là, que plus tard je connaîtrais une autre révolution communiste, pas drôle du tout celle-ci. » Maman et ses frères et sœurs vivent comme une fête le basculement du pays dans le communisme – deuxième

République soviétique proclamée dans le monde après la Russie en 1917. Tandis que leurs parents se taisent, et se terrent – « Papa n'allait plus chercher du travail, il évitait de sortir » –, les enfants sont dans la rue, courant derrière les drapeaux rouges et applaudissant des discours enflammés auxquels ils ne comprennent rien.

En fait de fête, Béla Kun et l'équipe au pouvoir installent une dictature. En quelques jours seulement, ils nationalisent les banques et de très nombreuses entreprises. Les terres sont confisquées pour être collectivisées, les propriétaires chassés et souvent massacrés. L'armée et la police sont dissoutes pour être remplacées par une milice de volontaires qui fait régner la terreur. Des tribunaux révolutionnaires sont instaurés pour condamner à mort les récalcitrants et, bientôt, tous ceux qui n'adhèrent pas au régime.

Béla Kun, fait prisonnier en 1916 par l'armée du tsar, a découvert l'année suivante en Russie le bolchevisme et les textes de Karl Marx. Convaincu que le communisme est l'avenir de l'Homme, il est parvenu à se rapprocher de Lénine et les deux hommes se sont rencontrés à plusieurs reprises. En novembre 1918, c'est Lénine qui renvoie Béla Kun à Budapest avec la mission d'y fonder le Parti communiste. Les choses vont très vite puisque en seulement quatre mois le jeune parti accède au pouvoir. Lénine suit les événements de près et Béla Kun gouverne en liaison étroite avec lui. C'est Lénine qui conseille de fusiller sociaux-démocrates et « petits-bourgeois ». C'est encore Lénine qui inspire à Béla Kun ce message aux ouvriers hongrois préconisant « l'exercice d'une violence implacable, prompte et résolue, en vue d'écraser la résistance des exploiteurs, des capitalistes, des grands propriétaires fonciers et de leurs suppôts ».

Tandis que l'économie hongroise achève de s'effondrer, le régime communiste entre en conflit avec ses voisins pour récupérer les territoires perdus. À peine plus de quatre mois après la signature de l'armistice, et en dépit de son extrême pauvreté, la Hongrie repart en guerre. Béla Kun décrète la mobilisation générale et crée l'« Armée rouge hongroise ». Les combats s'engagent contre les troupes tchécoslovaques puis contre la Roumanie, soutenue par la France.

C'est une nouvelle défaite de la Hongrie, et la déroute de son armée entraîne la chute du régime communiste le 6 août 1919, après seulement cent trente-trois jours à la tête du pays.

Le nouvel homme fort, l'amiral Horthy, ancien aide de camp de l'empereur François-Joseph, annule la plupart des mesures prises par le régime pro-soviétique, la propriété privée est rétablie, les tribunaux et la police également. Le pays commence lentement à se redresser.

Maman n'a gardé aucun souvenir de la terreur instaurée par les communistes, mais elle se rappelle le soulagement de ses parents quand est décroché le dernier drapeau rouge. Dans les semaines qui suivent, Rudolf Mayer retrouve enfin du travail. Il construit un immeuble d'habitation et Ilona, donnant toujours la main à sa grande sœur Mitzi, le revoit sur le chantier, géant aux yeux bridés donnant ses consignes, implacable et concentré. « Papa savait se faire obéir, écrit-elle. J'étais fière d'être la fille de l'homme qui commandait à toute cette troupe, au milieu du bruit des machines et de la poussière. »

8

Une famille bourgeoise

« Cette fois, la guerre était vraiment terminée, écrit maman. Mes parents m'ont dit qu'ils allaient m'inscrire à l'école et ma mère m'a cousu une robe bien chaude dans les vieilles robes de mes sœurs Roji et Mitzi ainsi qu'une culotte dans les vieux pantalons de mon frère Iochko. Ça me grattait les fesses terriblement, j'avais les larmes aux yeux, mais je devais la porter parce qu'il faisait très froid. Je n'avais pas de chaussures convenables, elles étaient trouées, et les jours où il pleuvait Mitzi devait me porter sur son dos jusqu'à l'école. »

Puis arrive une grande et belle nouvelle : la société de construction pour laquelle travaille Rudolf Mayer lui propose de partir pour la Bulgarie. Maman se souvient de la joie de ses parents. « Fini la misère, s'écrie-t-elle, fini les culottes de vieux pantalons, et vive la vie ! » Elle va bientôt fêter ses huit ans, mon âge exactement lorsque nous quitterons la Bulgarie pour la France, trente ans plus tard, et, comme je le ferai, elle regarde alors sa mère empiler les vêtements soigneusement pliés dans une malle d'osier pour le déménagement. « Elle était gaie, se souvient-elle, elle chantait toute la journée. » Il est prévu que les deux garçons, Rudolf et Iochko, qui ont à présent vingt ans et plus, restent à Budapest pour y poursuivre leurs études d'ingénieurs. Seules les filles suivront leurs parents. Elles aussi débordent de joie, car Budapest est associée à la faim, à toutes les privations, or le père aura en Bulgarie des responsabilités « considérables » et des revenus en conséquence. Elles ont entendu Rudolf l'expliquer à Rosa, et c'est à partir de cet instant que Rosa s'est mise à chanter. Depuis sa naissance, Ilona n'avait jamais entendu sa mère chanter.

« J'ai demandé à mon père où se trouvait la Bulgarie, poursuit-elle dans son cahier. Il m'a montré sur une carte en ajoutant que c'était dans les Balkans. Nous étions tous très excités à l'idée de découvrir ce pays. On devait séjourner quelque temps à Sofia, la capitale, avant de gagner Plovdiv où nous allions habiter. Et voilà, notre premier grand voyage allait durer deux jours et deux nuits. »

Les enfants sont sidérés lorsqu'ils débarquent à Sofia. Les rues sont poussiéreuses, la plupart des hommes sont barbus, coiffés d'un fez rouge et habillés de pantalons bouffants. Dans toutes les rues, des petits vendeurs avec des carrioles hurlent dans une langue que les enfants ne comprennent pas. Ils vendent des pains minuscules en forme de demi-lune tels qu'ils n'en ont jamais vu. « Je serrais fort la main de mon père, écrit maman, car j'avais un peu peur. Papa m'a expliqué qu'ici c'était l'Orient, et que les gens étaient habillés à la mode turque. »

Puis la famille Mayer reprend le train pour Plovdiv et, arrivés là-bas, les enfants découvrent avec émerveillement l'endroit où ils vont habiter : une vaste maison flanquée d'un jardin. Jamais ils n'ont eu droit à tant de luxe. « Quel bonheur on a éprouvé d'avoir chacune notre chambre, s'écrie maman. Depuis la perte de notre ferme avec les cochons où j'avais été si heureuse, nous n'avions connu que des endroits glacials où nous dormions comme nous pouvions, les uns contre les autres. »

D'un seul coup, la famille retrouve son train de vie d'avant la guerre, au temps où Rudolf Mayer construisait l'église de Kobanya et pouvait offrir aux siens un certain luxe. Ilona accompagne sa mère au marché et toutes les deux se déplacent dans un de ces élégants cabriolets mené par un moustachu au fez écarlate. Elles se font déposer dans une pâtisserie de la Grand-Rue pour boire un lait chaud et manger une *banitsa*, cette délicieuse pâte feuilletée fourrée au fromage. Une fois par mois, la mère et la fille se rendent également chez la propriétaire de la maison pour lui remettre le prix du loyer. Maman découvre à cette occasion cette coutume bulgare qui consiste à servir au visiteur une cuillerée de confiture dans une fine coupelle accompagnée d'un verre d'eau. « J'attendais avec impatience ce moment, poursuit-elle, car depuis la ferme je n'avais plus jamais goûté de confiture. »

Le père travaille sans relâche pour offrir tout cela aux siens et, en particulier, pour permettre aux deux aînés de poursuivre leurs études à Budapest. Il leur a loué un appartement et chaque début de mois il leur envoie une bonne partie de sa paie pour qu'ils n'aient aucun souci et se consacrent entièrement à l'obtention de leur diplôme. Son ambition est de s'associer avec ses deux fils pour créer sa propre entreprise de construction.

Maman se rappelle le jour où ce beau rêve s'est évanoui et où le père en a perdu la raison durant quelques heures. Un matin, Rudolf Mayer décide d'aller rendre visite à ses fils. Il entreprend seul ce long voyage à travers la Bulgarie, la Serbie, puis la Hongrie. Mais, arrivé à Budapest, sa déception est immense : il découvre ses deux fils au lit au milieu de la journée, dans leur plus beau costume et complètement ivres. S'ils ont pu envoyer de bons bulletins à leur père, c'est qu'ils ont suffisamment d'argent pour payer un étudiant qui rédige les devoirs à leur place. L'architecte est effondré. Il ramène ses deux fils à Plovdiv où l'explication a lieu devant tout le reste de la famille. « Mes frères ont dit qu'ils préféraient être de simples ouvriers plutôt que de faire des études, raconte maman. Notre père était terriblement en colère et à certains moments il semblait faire des efforts pour ne pas pleurer. Puis comme mes frères ne voulaient rien entendre, il est parti chercher son revolver et il les en a menacés. Je tremblais de peur. Ils sont finalement repartis pour l'université, mais ils n'ont jamais eu leur diplôme. Je crois qu'ils ont été la plus grande déception de la vie de notre père. »

Les trois sœurs n'ont guère d'estime pour les deux garçons – « Nous les trouvions mous, lâches, et indifférents envers nos parents. » L'aîné aura l'année suivante un enfant avec une Italienne plus âgée que lui et le couple vivra dans la misère jusqu'à ce que le père, « soupe au lait mais un cœur d'or », leur accorde une pension. Le second fera toute sa vie de petits métiers.

Arrivée en 1922 à Plovdiv, la famille en repart en 1924 pour s'installer à Varna, sur la mer Noire. Cette fois, Rudolf Mayer doit construire une banque et le chantier va les retenir là jusqu'en 1927. Parents et enfants parlent maintenant couramment le bulgare. Ce sont trois années merveilleuses pour maman qui se rappelle avec bonheur son école, les bains en famille et les poissons qu'allait pêcher son père aux premières heures du jour avant de revêtir son costume et de gagner son bureau. Cependant, la grande aventure de Varna, c'est la naissance de la petite dernière, Lili, qui vient au monde le 5 août 1925. La fin de la grossesse a été difficile, l'accouchement se passe très mal et durant quelques heures on croit perdre la mère. Maman, qui est dans sa onzième année, garde le souvenir de ce traumatisme. Et aussi de la joie délirante de son père quand la mère et l'enfant sont déclarés sauvés. « C'est la seule fois de ma vie où j'ai vu mon père ivre mort danser et chanter dans une auberge avec des inconnus. »

Les Mayer ont pris goût à la Bulgarie, à la vie provinciale, et Rosa et ses filles sont profondément déçues quand le père reçoit pour consigne, au milieu du bel été 1927, de regagner Budapest où l'attend la construction d'une usine d'électricité.

9

La gloire bafouée du père

« Arrivés à Budapest, nos parents ont loué un bel appartement et nous nous sommes installés confortablement, rapporte maman dans son cahier. Mon père gagnait beaucoup d'argent. J'avais treize ans et on m'a mise à l'école chez les sœurs anglaises. Je n'étais pas contente de changer tout le temps de pays et d'école, mais on ne me demandait pas mon avis. J'ai été très désorientée chez ces religieuses qui nous parlaient comme à des adultes et ne souriaient jamais, contrairement à nos professeurs de Varna. Et pour la première fois je me suis aperçue que les autres filles s'éloignaient de moi à cause de mon œil malade. »

Contaminé par la rougeole durant la Grande Guerre, l'œil gauche de maman souffre désormais d'un strabisme. Son père l'emmène consulter un professeur de médecine en qui il a toute confiance. Le médecin propose de l'opérer, mais il meurt quelques jours plus tard dans un accident de voiture. Rudolf Mayer ne veut pas entendre parler d'un autre chirurgien, il craint qu'on fasse plus de mal que de bien à sa fille et Ilona reste donc avec ce handicap qui l'isole et la complexe.

Comme elle l'a toujours fait, elle continue d'aller rendre visite à son père sur les chantiers. Celui de l'usine d'électricité est en dehors de la ville, dans la campagne, et puisqu'elle est maintenant suffisamment grande elle va jusque là-bas à vélo.

« J'adorais rouler sous les arbres fleuris, au milieu des champs, écrit-elle. L'usine avançait avec une rapidité incroyable. Tout ce monde qui travaillait jour et nuit me fascinait. Les techniciens de tous les corps de métier, plombiers, électriciens, soudeurs, etc. affluaient et se croisaient, et partout on criait, on discutait. Et tout cela, c'était mon père qui le dirigeait. »

C'est dans ces circonstances qu'elle croise le regard d'un jeune électricien et en tombe amoureuse. Elle apprend par son père qu'il est stagiaire et suit des cours pour devenir ingénieur. Le père l'estime beaucoup, à plusieurs reprises elle l'entend dire qu'il aurait aimé avoir des fils tels que ce garçon.

« Un jour, le jeune homme est venu tout exprès me saluer, raconte-t-elle, nous avons un peu bavardé et il m'a demandé si je n'aurais pas quelques livres à lui prêter. “Bien sûr ! ai-je dit, nous en avons beaucoup à la maison." C'est comme cela qu'il a pris l'habitude de venir chez nous. Mitzi avait vingt-trois ans, Roji dix-neuf et moi treize. Lili, elle, ne comptait pas, car elle était encore un bébé. À partir du jour où il est entré chez nous, notre vie a changé. Chaque soir on discutait, on chantait. Je m'arrangeais pour me faire la plus jolie possible en cachant mon œil malade avec une frange. Roji devait être un peu jalouse, car elle rapportait à mon père quand elle me trouvait seule avec le jeune électricien. Pourtant, on ne faisait rien de mal, on ne parlait que de livres et de nos lectures, jamais nous n'aurions osé prononcer un mot d'amour. Mais je sais que je l'aimais et j'ai longtemps gardé la petite violette qu'il m'a offerte le jour où nous avons dû de nouveau partir. »

Après une année seulement à Budapest, l'usine est terminée et Rudolf Mayer sollicité pour construire la Légation de Hongrie à Sofia. L'idée de retourner en Bulgarie ne déplaît pas à la famille, même si Ilona n'est pas trop contente de devoir encore changer d'école. À la fin de l'été 1928, les voilà donc installés à Sofia. Cette fois, on inscrit Ilona chez les religieuses françaises, au numéro 38 de la rue Laveleye. Le père souhaite qu'elle apprenne le français, mais maman ne va pas apprendre grand-chose cette année-là, car elle n'est pas heureuse non plus dans cette école.

« J'étais sans arrêt malade, je toussais, le climat ne me convenait pas et mon père était effrayé à la pensée que j'attrape la tuberculose, écrit-elle. Les autres filles me fuyaient, comme à Budapest, à cause de mon sacré œil. Aussi j'étais ravie de pouvoir rester chez moi à lire. Et puis j'ai vite compris que les religieuses avaient une préférence pour les enfants des familles françaises les plus riches. Les pauvres orphelines ne les intéressaient pas et elles étaient toujours astreintes aux travaux les plus ingrats. C'est avec elles que je me suis liée d'amitié. Comme je voyais qu'elles ne mangeaient pas à leur faim, je leur donnais le goûter que me préparait ma mère. Nous, nous étions gâtées chez mes parents. Notre père revenait chaque soir avec des gâteaux qu'il prenait dans la grande pâtisserie viennoise de Sofia. Il connaissait bien la patronne, Mme Berta, avec laquelle il aimait bavarder. Nous étions loin de penser qu'un jour, nous, ses trois filles, serions obligées de travailler dans cette même pâtisserie. »

Le père souhaite faire de la Légation de Hongrie une œuvre qu'il sera fier de signer. Aussi en a-t-il dessiné lui-même chaque détail de la façade et travaillé avec le plus grand soin les lumières et les volumes intérieurs. Le jour de l'inauguration, heureux de son ouvrage, il se rend à la cérémonie accompagné de ses trois grandes filles. Il escompte que les autorités hongroises, qui ont fait le déplacement, lui rendront hommage, ainsi que le directeur de l'entreprise qui l'emploie. Mais l'événement tourne au désastre : soucieux de promouvoir son fils qui a travaillé dans l'ombre de Rudolf Mayer, le directeur de l'entreprise le présente comme le maître d'œuvre du bâtiment. Rudolf Mayer est furieux et le fait aussitôt savoir. « Il s'avança avec cet air que je lui connaissais si bien, raconte maman, et j'entendis tonner sa voix : "Qu'est-ce que vous racontez là comme boniment ?..." »

Quelques jours plus tard, le père reçoit sa lettre de licenciement, son directeur ne lui a pas pardonné cet affront. Vaut-il mieux retourner à Budapest pour chercher un nouvel employeur ou demeurer à Sofia ? L'année 1929 s'achève, la crise économique qui secoue les États-Unis vient de toucher l'Europe, on parle de nombreuses faillites en Hongrie, de milliers de chômeurs, de banques en difficulté – Rudolf Mayer décide de tenter sa chance en Bulgarie. Les choses semblent se présenter favorablement puisqu'il obtient rapidement qu'on lui confie la construction du nouveau palais de justice. C'est un chantier monumental, évidemment très convoité, et les architectes bulgares ressentent avec amertume qu'il ait été donné à un étranger. « L'ambiance n'était pas agréable, se souvient Ilona, mon père était très soucieux. »

Pour ne rien arranger, le terrain choisi par la ville est épouvantable : gorgé d'eau, aussi profond qu'on puisse creuser. « Tout le monde prétendait que c'était de la folie d'insister, que la raison commandait d'abandonner, mais mon père s'est entêté, il avait son idée, et finalement il est parvenu à établir les fondations après des mois d'effort. Sa réussite, qui aurait dû lui valoir des félicitations, n'a fait qu'attiser les jalousies et le climat est devenu très mauvais. »

C'est durant ces mois si pénibles qu'on diagnostique au père un ulcère à l'estomac. « Souvent, raconte maman, je lui portais son repas sur le chantier, car il ne prenait pas le temps de rentrer à la maison pour déjeuner. Comme il souffrait énormément, notre mère lui préparait un repas raffiné pour qu'il puisse le digérer : du blanc de poulet, des légumes, de la compote, et pour finir une Thermos de café. Pour les ingénieurs et les ouvriers qui l'entouraient, c'était un véritable festin, car les Bulgares se nourrissaient très chichement à cette époque. Alors on le traitait de sale étranger qui vient manger le pain des Bulgares. »

Le père décide un jour que c'en est assez, qu'il ne peut plus travailler sereinement dans cette atmosphère d'hostilité et il démissionne brutalement, abandonnant le chantier aux ingénieurs bulgares. On le supplie de revenir, il refuse. Avec l'argent qu'il a mis de côté, il crée son propre laboratoire de recherche. Sa grande ambition est alors de mettre au point une ardoise artificielle pour les toitures qui ne craindrait ni le gel ni le feu. Il y travaille jour et nuit, certain de tenir une découverte susceptible de révolutionner la construction. « Je crois que c'est à cette époque qu'il a été le plus heureux de toute sa vie, raconte maman. Il répétait à notre mère : "Ma chère Rosa, nous allons être riches et je vais pouvoir te couvrir de bijoux." Notre petite mère n'en demandait pas tant. Elle rêvait seulement de nous voir tous heureux autour d'elle, mais le destin ne l'a pas voulu. »

10

Les deux hommes de sa vie

« Quand tout était pour le mieux, écrit maman, la maladie de notre père s'est aggravée, l'ulcère s'est élargi, et il a dû garder le lit.

« La nuit de la nouvelle année 1932, nous l'avons passée autour de son lit – Mitzi, Roji, Lili qui allait avoir sept ans, moi et notre petite mère, bien sûr. C'était une bien triste année qui commençait. Le docteur venait une ou deux fois par jour, mais il ne pouvait pas faire grand-chose. Il fallait attendre. Un dimanche où tout était fermé le médecin a recommandé que notre père boive absolument de l'eau minérale. Alors j'ai pris une grande bouteille et je suis partie à pied jusqu'à la source même, près de Sofia. Il faisait –22°, tout était gelé et il n'y avait personne sur la route.

« Une nuit, papa souffrait tellement que notre mère est allée réveiller mon frère aîné pour qu'il aille chercher le médecin. Il s'est tourné du côté du mur en disant qu'il avait sommeil et qu'il travaillait le lendemain. Sa femme, qui était près de lui, s'est également mise en colère contre notre mère. Alors ce sont Mitzi et Roji qui sont parties dans la nuit prévenir le docteur.

« Le 19 janvier dans la soirée, notre père a soudain demandé qu'on ouvre grand la fenêtre en dépit du froid. Il souffrait énormément et n'arrivait plus à respirer. Nous étions toutes là près de lui. Notre mère nous a demandé de ne pas pleurer et d'être fortes. Papa avait toute sa conscience et il regardait sans cesse sa montre. À un moment, notre frère est entré dans la chambre et ce qui s'est passé me laisse un souvenir affreux : notre père s'est soulevé et lui a montré la porte en hurlant, le bras dressé. Son fils parti, il est retombé sur son oreiller et s'est mis à haleter.

« Nous avons compris que c'était la fin et nous nous sommes toutes rapprochées de lui. Il a respiré plusieurs fois péniblement, puis son souffle s'est interrompu et son beau visage s'est figé dans une expression de stupeur.

« Comme notre mère lui fermait les yeux, Mitzi s'est évanouie. Nous l'avons vue tomber comme si la foudre venait de la frapper. Tout en sanglotant, je suis allée chercher du vinaigre pour lui frictionner les tempes et, petit à petit, elle est revenue à elle. Roji et moi l'avons portée jusqu'à sa chambre où nous l'avons allongée.

« Ensuite, j'ai aidé maman à habiller mon père, puis je l'ai coiffé comme je le faisais souvent. J'avais dix-sept ans, le chagrin me débordait, mais la mort ne me faisait pas peur.

« Dans les jours qui ont suivi, notre mère est tombée gravement malade. On lui a diagnostiqué une atteinte au foie et nous avons tremblé pour elle. Qu'allions-nous devenir si elle partait à son tour ? Lili était encore une enfant qui ne pouvait pas se passer d'une maman. Le plus urgent était de trouver de l'argent pour pouvoir la soigner et nous permettre de vivre. Mitzi et Roji sont allées trouver Mme Berta qui a bien voulu les embaucher comme serveuses dans l'une de ses pâtisseries-salons de thé. Quant à moi, il a été décidé que j'allais rester à la maison en attendant que notre mère se rétablisse pour veiller sur elle et m'occuper de Lili.

« Quand notre mère a pu se lever, j'ai commencé à l'emmener se promener dans le parc du Roi-Boris qu'elle adorait. Puis elle a pu de nouveau aller chercher Lili à l'école, ce qui était son grand plaisir. Nous l'encouragions à aller prendre ensuite un gâteau avec notre petite sœur. Nous étions si heureuses de la revoir enfin sourire.

« Quand elle s'est sentie assez forte pour tenir toute seule la maison, à mon tour je suis partie travailler à la pâtisserie. Entre-temps, Mitzi s'était fiancée avec le frère de Mme Berta, de sorte que nos deux familles étaient désormais liées.

Insensiblement, nous nous étions enracinés en Bulgarie et la question de retourner en Hongrie ne s'est plus posée. »

Un an après la mort du père, la famille se remet lentement. Mitzi s'est mariée et a quitté la maison. Roji et Ilona versent la totalité de leurs salaires à leur mère, ce qui lui permet d'élever Lili, de payer le loyer et de nourrir tout le monde.

Maman aura bientôt dix-neuf ans, elle veut régler le problème de son œil qui la complexe et, pense-t-elle, l'empêchera toute sa vie d'être heureuse. Quand elle entreprend d'en parler à sa mère, elle voit combien celle-ci est terrorisée à l'idée que l'opération échoue et qu'un nouveau malheur s'abatte sur les siens. Alors maman décide de s'en sortir sans elle, avec le seul concours de Mitzi et de Roji.

Elle se renseigne discrètement pour savoir quel est le meilleur ophtalmologue de Sofia et prend rendez-vous avec lui. Le médecin lui indique que l'opération peut être tentée mais qu'il ne peut pas lui garantir qu'elle réussira. Ébranlée, mais résolue à ne pas renoncer, maman va voir le mari de Mitzi qui se rend régulièrement à Vienne pour ses affaires et lui demande de bien vouloir s'informer pour elle. Vienne est l'ancienne capitale de l'Empire austro-hongrois et Sofia, en comparaison, n'est qu'une modeste ville de province. Son beau-frère lui rapporte des nouvelles très encourageantes : il a su décrire le mal dont elle souffre et toutes les personnes consultées lui ont donné le nom du même professeur. Approché, celui-ci a été très rassurant : l'opération est parfaitement au point, lui a-t-il dit, et il serait d'accord pour opérer la jeune fille.

Reste à trouver l'argent – une somme considérable si l'on ajoute au coût de l'opération le prix du voyage, l'hôtel sur place durant les examens qui doivent précéder l'intervention, enfin le manque à gagner que vont représenter toutes ces journées non travaillées. Mme Bertha prête une partie, Mitzi également, et maman fait durant un mois des journées interminables pour cumuler les heures supplémentaires. « Mme Bertha m'aimait bien, écrit-elle, mais elle avait aussi l'espoir de me marier à son fils, Costa. Elle ne s'en cachait pas. Quant à Costa, il venait souvent au salon de thé bavarder avec moi. C'était un beau garçon, grand, bien fait, mais terriblement snob. Il me faisait un peu trop sentir qu'il avait de l'argent et je n'aimais pas ça du tout. »

L'opération est un succès et maman est une autre jeune fille à son retour de Vienne : heureuse et confiante. À présent, deux années se sont écoulées depuis la mort du père, le désir de vivre et de s'amuser a repris le dessus, et enfin, se considérant dans un miroir, Ilona Mayer se trouve jolie. C'est d'ailleurs de cette année-là, 1934, que datent les premières photos qu'elle a bien voulu conserver d'elle. Elle accepte enfin de se montrer et elle n'a plus besoin de se faire une frange pour cacher la moitié gauche de son visage.

Elle s'est fait une amie à la pâtisserie, Danka, et toutes les deux jouent à noter les garçons qui entrent pour choisir des gâteaux et, bien souvent, commander un thé ou un chocolat. Les plus gracieux les mettent en joie, mais elles rient aussi gentiment des timides et des complexés.

Pendant ce temps-là, Costa continue de faire sa cour avec la bénédiction de Mme Bertha. Il fait maintenant son service militaire et a grande allure dans son uniforme. Maman se laisse-t-elle gagner ? Apparemment non, puisque, riant avec son amie Danka, elle est un jour frappée par le charme d'un autre militaire, « malheureusement trop petit ». Ce qu'elle ne sait pas c'est que Georges Vartan est dans le même régiment que Costa et que les deux garçons sont proches depuis les bancs de l'école. Or Georges Vartan, lui aussi, est frappé par la beauté de la jeune serveuse. Ignorant que Costa a des vues sur elle, il interroge son ami, lui demande tout ce qu'il sait d'elle, de sorte que le jour où maman lui choisit une tarte aux quetsches, il connaît déjà son prénom, Ilona, sait qu'elle est la cinquième d'une famille de six enfants et a compris qu'elle travaille ici à la suite du décès de son père.

Quelques semaines plus tard, entraînant la jeune fille pour une promenade nocturne au cœur de l'été, Georges Vartan se déclare : « Je veux que vous soyez ma femme. » Maman rétorque qu'elle n'est pas libre, qu'elle a bien d'autres soucis – sa mère, sa petite sœur Lili, etc. Mais, un demi-siècle plus tard, se rappelant cette rencontre, elle écrira dans son cahier : « Ô mon merveilleux amour, que tu étais beau ! Je t'ai aimé tout de suite, ta voix, ton regard, tes yeux comme du velours. Tout. »

11

D'après photos

Ils se marient le 9 février 1936. Sur l'unique photo qui immortalise leur union, papa semble bien plus grand que maman qui se presse contre son épaule. Lui fixe sur l'objectif un regard profond et grave, tandis que maman, offrant au photographe son délicat profil, paraît s'en remettre à son jeune époux. Ni l'un ni l'autre ne sourit, comme s'ils avaient déjà conscience des drames et des immenses difficultés à venir.

Je sais peu de choses de leur vie avant la guerre dont le grand événement fut la naissance d'Eddie, mon frère aîné, le 5 septembre 1937.

Par manque d'argent, ils habitent un temps chez une tante de papa, Léontine Vartan, une vieille fille revêche et amère dont maman n'avait pas gardé bon souvenir. Elle est la sœur aînée de Robert Vartan, le père de papa, et elle estime comme lui que son neveu aurait pu prétendre à un meilleur parti. Mais tandis que Robert va adopter maman aussitôt le mariage célébré, et finalement l'adorer, le mot n'est pas trop fort, Léontine va camper sur sa position et sans doute empoisonner les jeunes mariés.

Ont-ils réussi à avoir un peu d'intimité, de liberté et d'espace pour s'aimer ? Je n'en suis pas certaine. Durant la plus grande partie de leur vie commune marquée par la guerre, puis par la terreur du régime communiste, enfin par l'exil et la grande pauvreté, mes parents ont dû sacrifier leur vie de couple, et j'ai le sentiment, à observer les quelques photos de leurs débuts, que cela a dû commencer dès les premiers jours de leur mariage. Ils n'auront une véritable maison qu'en 1963, à plus ou moins cinquante ans, lorsque Eddie et moi leur achèterons la propriété de Loconville, dans l'Oise, mais alors la maladie aura déjà frappé mon père et ils n'en profiteront que quelques années.

Sur ces photos qui les montrent dans les premiers temps de leur mariage, ils apparaissent émus et souriants, se tenant par la main ou se donnant le bras, heureux certes, mais sur la réserve. Deux enfants que la vie intimide. Sur l'une, ils posent sous une tonnelle et l'on aperçoit au fond le porche d'une villa – sans doute la maison de la tante Léontine. Maman porte un chemisier blanc à col Claudine qui lui laisse les bras dénudés et une jupe longue. Elle est d'une beauté saisissante, mais on la devine retenue, comme sur ses gardes. En dépit de ses chaussures plates, elle est un peu plus grande que papa qui, lui, est habillé d'un costume cintré parfaitement coupé, chemise blanche et cravate. Ils sont amoureux, éblouis l'un par l'autre, cela se voit au premier regard, mais ils ne sont ni légers ni insouciants. C'est un luxe qu'ils n'ont probablement pas connu et ne connaîtront jamais.

Sur une autre photo, maman se tient entre ses beaux-parents, Robert et Slavka Vartan. Tous les trois posent devant la belle maison des Vartan à Sofia, celle où j'ai vécu mes premières années et attrapé des flocons de neige grands comme des mouchoirs depuis la fenêtre ouverte de la véranda. D'ailleurs, on aperçoit cette véranda sur la gauche. Maman est habillée d'une robe d'hiver de velours sombre au large col blanc que le vent soulève légèrement. Tout, dans son attitude – la fierté affichée, le regard aux aguets, les mains croisées – témoigne d'une forme de méfiance, ou d'embarras. Elle n'est plus la jeune fille qui piquait des fous rires dans le salon de thé, elle vit désormais sous le regard sévère de sa belle-famille. Du reste, Robert Vartan n'a pas l'air commode dans son costume trois pièces impeccable, pochette blanche et manchettes amidonnées, n'accordant pas au photographe le moindre sourire.

Le contraste est immense avec cette autre photo où Georges et Ilona Vartan, mes parents, composent une scène champêtre. Ils se sont assis sur un tronc d'arbre tout près l'un de l'autre, et l'on devine en fond les escarpements d'une montagne. Papa est devant son chevalet, col ouvert, et il peint, tandis que maman tricote, le visage illuminé par un sourire. « Nous sommes libres et heureux », semblent-ils dire au photographe. Enfin ! ai-je envie d'ajouter. Puis je retourne la photo et je vois que maman a écrit au dos : « 1946 ». En somme, dix années se sont écoulées depuis leur mariage, la guerre est passée et je suis née deux ans plus tôt. Ce que tricote maman m'est sans doute destiné. Je reconnais les montagnes, ce sont celles de Lakatnik où les miens se sont réfugiés pendant la guerre pour échapper aux bombardements de Sofia et où nous revenons à la belle saison. Maman semble toujours aussi jeune, mais ses deux enfants lui donnent sans doute une force et une légitimité qu'elle n'avait pas au début de son mariage. Et puis à Lakatnik elle échappe aux regards et aux codes de sa belle-famille, elle se sent sûrement plus libre d'être elle-même. Lakatnik, c'est un chalet de montagne sans aucun confort. Il faut monter l'eau depuis la rivière, il faut aller couper du bois pour se chauffer, ici les hommes ne portent plus ni cravates ni costumes mais de grossiers habits de bûcherons.

Lakatnik est sûrement une parenthèse amoureuse et délicieuse dans la vie contrainte de mes parents. Et l'année 1946 une autre parenthèse entre la guerre et la faim auxquelles ils ont survécu et l'instauration du régime stalinien qui va engendrer de nouveau la famine et tuer des milliers de personnes.

12

Un petit coin de paradis

Dans les semaines qui précèdent ma naissance, au milieu de l'été 1944, mes parents se sont réfugiés à Lakatnik. Engagée au côté de l'Allemagne nazie, la Bulgarie est alors intensément bombardée par les Alliés, et Sofia plus particulièrement où chaque jour des quartiers sont en flammes. Maman me met au monde au petit hôpital d'Iskretz, un village situé à une dizaine de kilomètres de Lakatnik.

À notre retour de la maternité se tiennent déjà autour de mon berceau les êtres qui ont le plus compté dans ma vie, ceux qui ont incarné mes racines perdues : mes parents et Eddie, bien sûr, mais aussi les Brink, Mia et André Brink, ainsi que leur fille Janine, alors âgée de deux ans.

Papa et André Brink se sont connus adolescents au lycée français de Sofia. Ce sont de vieux amis que les dangers de la guerre viennent de rapprocher. Soucieux de protéger les leurs des bombardements, ils ont installé femmes et enfants dans le même chalet de Lakatnik. Durant la semaine, tous les deux continuent de travailler à Sofia, sous les alertes et dans le chaos qui gagne, mais le week-end ils rejoignent leurs femmes. Un train à vapeur qui a échappé par miracle aux avions anglais continue de relier Sofia à Lakatnik.

Par une étrange coïncidence, les deux hommes font alors le même métier. Papa, qui parle parfaitement le français, a quitté la compagnie d'électricité de son père pour entrer à l'ambassade de France où il est responsable des relations avec la presse, tandis qu'André Brink, qui est de nationalité hollandaise, occupe exactement le même poste à l'ambassade des Pays-Bas (on parle alors de « légations » plutôt que d'ambassades).

Maman et Mia Brink sont devenues comme des sœurs au fil des mois sous le même toit. Elles partagent tout des immenses difficultés du moment, de la peur de perdre leurs maris sous les bombes à la pénurie qui leur fait parcourir des kilomètres à pied pour rapporter de quoi nourrir leurs enfants. Bien souvent, Robert Vartan est là pour les aider, et en dépit de son âge c'est lui qui monte l'eau depuis la rivière. L'inflexible beau-père découvre chez sa belle-fille un courage et une force qu'il ne soupçonnait pas, lui qui aurait préféré que son fils épouse une fille de grande famille, riche et gâtée, et le sang-froid d'Ilona force son admiration.

À compter de la guerre, Robert Vartan vouera un véritable culte à maman et il ne ratera jamais une occasion de lui témoigner son affection.

Sur les photos de l'été 1945, celui de la paix enfin revenue, mes parents et les Brink se baignent dans le torrent qui court au fond de la vallée tandis que je fais mes premiers pas, ma main dans celle de mon grand-père. Mia et Ilona ont la même lumière joyeuse sur le visage : « Tout le monde a survécu à l'enfer, la vie ne pourra plus jamais être pire que ce que nous venons de traverser », semblent-elles dire, gagnées par un optimisme que leurs maris ne paraissent pas partager.

La photo suivante, qui date de Pâques 1947, semble donner raison aux femmes puisque nous, les enfants, Eddie et moi, sommes adossés à une énorme motte de foin en compagnie du garçon de la ferme, donnant le spectacle d'une enfance heureuse, et même comblée, loin des privations et des menaces.

Comment maman vit-elle ces années de l'après-guerre, ces années de l'instauration du régime communiste puis de la montée en puissance de la terreur stalinienne ? Elle ne m'en a jamais rien dit, de sorte que je dois me satisfaire de mes souvenirs. Nous habitons Sofia, dans la maison de Robert et Slavka Vartan, mes grands-parents, bien protégés du reste du monde par les hauts murs du jardin.

Je suppose que mes parents auraient préféré vivre avec leurs deux enfants dans leur propre maison, mais plusieurs quartiers de Sofia ont été détruits et il est sûrement très difficile de se loger. Maman ne laisse rien paraître de ses soucis ou de ses frustrations, aussi loin que je remonte elle m'ouvre ses bras, me sourit et me murmure à l'oreille des mots tendres.

Je suis dans ses bras l'hiver pour attraper les flocons de neige et l'été pour aller prendre mon bain dans la petite baraque au fond du jardin qui fait office de salle d'eau. Au retour, elle m'enroule dans une serviette et court jusqu'à la maison pour que je n'attrape pas froid. Quand elle me pose sur le plancher et me frictionne, encore essoufflée, elle rit et me dit qu'elle m'aime, que je suis son amour, son trésor, sa petite chérie.

Je vois peu mon père dont l'apparition se confond avec le grincement du tramway, le soir. Quand je l'entends ferrailler derrière le mur du jardin, je sais que papa va surgir et qu'il va me couvrir de baisers, puis me lire une histoire, avant que maman me mette au lit. Mais je vois énormément mon grand-père qui ne travaille plus et passe ses journées à s'occuper de moi et de son jardin. Il m'appelle Djidjika, à la belle saison nous passons les journées dehors à tailler les rosiers, retourner la terre sous les poiriers, arracher les mauvaises herbes, traquer les fourmis et les limaces.

À la fin de l'été, il me cueille chaque jour une poire et me la donne à manger en fines lamelles pour que le jus sucré ne m'étouffe pas. À l'heure de la sieste, je m'endors dans un transat tandis que lui s'installe à côté de moi dans son fauteuil d'osier pour lire son journal. Sa chemise blanche est toujours impeccablement repassée et il porte des culottes courtes sur des chaussettes montantes. L'hiver, il me prête ses crayons de couleur et pendant que je dessine il en profite pour encaustiquer les meubles du salon ou de la salle à manger. Il graisse aussi les gonds des portes et des fenêtres et toutes ses bonnes odeurs me rassurent – je suis tombée dans un petit coin de paradis, la vie est éternelle et je ne suis pas pressée de grandir.

Pendant ce temps-là, maman et ma grand-mère Slavka s'affairent dans la cuisine. Je n'ai qu'à surgir pour qu'aussitôt ma grand-mère lève les bras au ciel comme si elle venait de voir surgir un typhon, mais aussitôt maman sourit, s'agenouille et m'embrasse. Le seul finalement dont j'aie à craindre quelque chose est Eddie qui avec deux ou trois de ses copains a entrepris d'opérer mon ours. En dépit de mes larmes et de mes hurlements, il lui a ouvert le ventre et l'a dépecé. C'est à peu près mon unique traumatisme durant les trois ou quatre premières années de ma vie, bien à l'abri derrière les murs clos du jardin de mon grand-père.

Outre nos séjours à Lakatnik avec les Brink, j'ai le sentiment que nous ne sortons pas. Je n'ai aucune mémoire des rues de Sofia dans les premières années du communisme. Mon seul souvenir est lié à ma première photo. C'est un dimanche, mon père est présent et nous avons rendez-vous après le déjeuner au studio du photographe. Maman a passé la matinée à me friser les cheveux avec un fer qu'elle a mis à chauffer sur des braises – « Surtout ne bouge pas, ma chérie, sinon je risque de te brûler ». Ensuite elle les a rassemblés dans un ruban rose et m'a fait un gros nœud sur le côté droit. Je porte une robe de piqué blanc avec un col brodé et des manches bouffantes.

Eddie aussi est très beau, papa lui a lissé les cheveux et c'est la première fois que je le vois en costume avec une cravate. J'ai trois ans et il en a dix.

Nous ne prenons pas le tramway pour nous rendre en ville, mais une de ces calèches qui font encore office de taxis à Sofia. Malheureusement, je ne pense à rien d'autre qu'à mes cheveux bouclés et à ma jolie robe, sûre d'être une princesse dans les yeux de maman, et je n'ai pas un regard pour cette ville dont la misère me sautera bientôt aux yeux.

13

Les bonbons de l'oncle Staline

Nous allons quitter la maison de mes grands-parents pour un appartement tout neuf dont la construction n'est pas terminée. J'ai quatre ou cinq ans et j'ai le souvenir de notre première visite en famille dans l'immeuble en chantier. Dans la cage d'escalier, mon père marche devant avec une lampe électrique, suivi par Eddie puis par maman qui me tient la main à me la broyer, car la rampe n'est pas encore posée. Nous habiterons au quatrième étage. Une fois dans l'appartement, je suis surprise par la lumière. Maman aussi est éblouie. Elle s'extasie : « C'est magnifique ! C'est magnifique ! » Désormais, je ne dormirai plus avec mes parents, ils auront leur chambre, et nous, les enfants, la nôtre. En plus, il y a un salon, une cuisine et une salle de bains.

C'est un temps d'émancipation et de bonheur qui s'ouvre pour moi. Je ne suis plus dans les jupes de maman ou les jambes de mon grand-père, je joue dans la cour de l'immeuble avec mes deux nouveaux amis, Gosho, l'enfant du concierge, et Iosco, qui deviendra un grand comédien bulgare, fils d'un cardiologue qui habite juste en dessous. Bien souvent, nous allons passer le week-end chez les Brink qui ont un appartement plus vaste que le nôtre. Après Janine, André et Mia Brink ont eu une seconde fille, Simone, qui est restée à ce jour une de mes bonnes amies. Outre Janine et Simone, je retrouve là-bas d'autres enfants, et en particulier Tony et Motko, les fils d'une dame qui se prénomme Pepa et qui les élève toute seule, car son mari est parti pour l'étranger. Je pressens qu'il y a un mystère derrière la disparition de cet homme, car les adultes ne parlent jamais de lui sans baisser la voix.

Les soirées sont joyeuses et détendues chez les Brink. Comme la chambre que je partage avec Simone donne sur le salon, nous passons une bonne partie de la nuit à épier nos parents par l'interstice de la porte. Ils jouent aux cartes tout en se servant des petits verres d'alcool, ils rient aux éclats, parfois papa se met à l'accordéon, faute de piano, ou alors oncle André fait jouer son phono et ils se mettent tous à chanter. C'est pour moi une surprise extraordinaire de voir mes parents, d'ordinaire si pudiques, se tenir enlacés et parfois même s'embrasser discrètement. En ce cas, Simone s'étouffe de rire et moi je finis par l'imiter.

Je découvre la rue, la liberté, et cependant je ne vois rien encore de Staline, de ses miliciens, des arrestations, de la peur dans les yeux des gens sur les trottoirs et des étalages vides dans les magasins. Je suppose que mes parents m'en protègent, qu'ils y parviennent encore. En tout cas, ils ne parlent jamais devant nous, leurs enfants, de ce qui se passe dans le pays. Tant que c'est encore possible, je le comprends aujourd'hui, ils tentent de vivre normalement et tâchent de nous donner tout ce que la vie peut offrir. C'est ainsi qu'ils me font découvrir le théâtre. Les Bulgares ont une tradition de spectacles pour enfants véritablement féeriques. Ils mettent en scène les contes et légendes populaires avec un luxe de costumes, de décors, de chants, de lumières que je n'ai jamais retrouvé ailleurs dans le monde. Trente ans plus tard, quand je monterai mes premières grandes chorégraphies, je repenserai à ces moments d'éblouissement. J'ai plaisir à croire que ma vocation d'artiste est née là, devant le théâtre bulgare, dans la toute fin de cette parenthèse enchantée qu'est l'enfance.

Pour moi, la scène merveilleuse du monde s'éteint du jour au lendemain avec l'arrivée chez nous d'un couple lugubre et d'un gros homme à l'air triste. Je ne saurais pas dater précisément leur venue, mais à un moment ils sont là et je ne vois plus qu'eux. Le couple occupe notre salon dans lequel nous n'avons plus le droit d'entrer, et le gros homme notre chambre, de sorte qu'Eddie et moi partageons désormais celle de nos parents.

Tous les trois parlent le bulgare, mais le couple arrive de Moscou. Lui est officier, un homme long et maigre au teint pâle, à la poitrine couverte de médailles. Il porte des bottes noires dont les talons claquent sur le sol si bien qu'on l'entend sans cesse aller et venir dans notre ancien salon. Sa femme est une créature extravagante aux longs cils, aux lèvres peintes, aux ongles rouges. Elle porte des robes de soie noire et des talons hauts. Elle ne nous voit pas, nous n'existons pas. Le gros homme, en revanche, semble parfois confus d'être là et il lui arrive de me sourire.

« Ils occupaient la plus grande partie de l'appartement, celle qui donnait sur le canal, me racontera plus tard maman devant ma petite caméra posée sur le grille-pain. Il ne nous restait que la chambre du fond. Un jour, le couple m'a interpellée comme je sortais : "Il faut que vous nous donniez aussi la salle de bains." J'ai dit : "Mais c'est impossible ! Nous avons des enfants, nous devons nous laver. Pourquoi ne pas continuer à la partager ?" Ton père était déjà malade de les avoir chez nous, il a d'abord refusé. C'est moi qui l'ai convaincu : "Georges, tu vois bien qu'ils sont les plus forts, on ne gagnera rien à leur tenir tête. Mettons plutôt toute notre bonne volonté pour que ça se passe bien." »

On dirait que l'arrivée de ces gens me dessille les yeux d'un seul coup, car dans mon souvenir c'est à partir de cet événement que je découvre l'immense misère de Sofia. Comment maman a-t-elle fait pour me la cacher si longtemps ? Nous faisions toujours les courses ensemble, ma main dans la sienne, et je ne voyais rien. Or brusquement je vois. Je vois que nous faisons la queue deux ou trois heures pour obtenir cent grammes d'huile, vingt grammes de beurre et trois pommes de terre. Je vois qu'ailleurs nous attendons de nouveau deux heures pour un morceau de pain noir, un peu de farine ou du *malébi*, le dernier dessert encore sur le marché, arrosé de sirop de rose. Quinze ans plus tôt, me dis-je aujourd'hui, maman vendait toutes sortes de gâteaux raffinés dans la somptueuse pâtisserie de Mme Berta, quelle tristesse doit l'habiter en constatant l'effondrement de ce pays qu'elle aime ? Mais elle ne m'en dit rien. Bien au contraire, elle a toujours cette même lumière sur le visage, cette même élégance aussi qui me dissuade de me plaindre. Dans la queue, je vois qu'elle console des dames qui commençaient à pleurer, qu'elle sourit à d'autres, qu'elle laisse parfois notre place quand une personne est souffrante ou âgée. Pourtant nous avons froid et mal dans tout le corps à force de piétiner.

À l'école aussi les choses changent. Il faut désormais se présenter certains matins avec le foulard rouge des Jeunesses communistes autour du cou. Maman semble trouver cela absolument naturel et elle me l'arrange joliment avant de me serrer dans ses bras en m'embrassant. Aujourd'hui je sais que cela doit lui rappeler ses cinq ans dans l'éphémère république soviétique de Hongrie en 1919. Elle aussi prenait alors tout cela comme une fête avant de découvrir quelques années plus tard que pendant qu'elle applaudissait les drapeaux rouges de prétendus tribunaux condamnaient à mort des centaines d'innocents. Sait-elle déjà que c'est exactement ce qui se passe en Bulgarie, et depuis des mois ? Oui, elle le sait, bien sûr, mais elle gagne du temps pour sauver encore un peu de notre enfance.

Moi aussi j'applaudis et je me pique au jeu des bonbons de l'oncle Staline dans la cour de l'école. C'est une petite fête que les professeurs organisent une fois par semaine. On nous réunit et on nous demande de prier le bon Dieu pour avoir des bonbons. C'est un peu bizarre parce que nous n'avons pas l'habitude de prier à l'école, malgré tout nous nous y appliquons. À la fin, nous levons les yeux au ciel, pleins d'espoir, mais aucun bonbon ne tombe. Alors les professeurs nous demandent de prier l'oncle Staline, et cette fois, la prière à peine terminée, une pluie de bonbons s'abat sur nous. Nous applaudissons et nous courons dans tous les sens pour les ramasser.

Oncle Staline, dont j'ignorais l'existence quelques mois plus tôt, est désormais partout : à l'école, dans la rue, chez les commerçants. Sa moustache et son bon sourire de paysan m'inspirent des sentiments ambivalents, en dépit des bonbons, car j'ai surpris un jour un éclair de frayeur dans les yeux de maman tandis qu'il était question de lui. Elle demandait à mon père s'il avait bien accroché son portrait à notre fenêtre.

— Pas encore, a dit papa.

— Georges, fais-le vite voyons ! Tu sais bien...

Le regard de ma mère ! Comme si tout l'immeuble risquait de s'effondrer d'un instant à l'autre.

— Pardonne-moi, je vais le faire tout de suite, a dit mon père.

Le lendemain, en rentrant de l'école, j'ai vu qu'oncle Staline était à toutes les fenêtres et trouvé rassurant qu'il soit également à la nôtre.

14

Apprendre à se taire

Staline ne semble pas méchant, sur toutes les photos il sourit, mais tout le monde tremble en revanche devant les hommes de la milice. Ce sont eux qui sonnent chez les gens s'ils constatent que le portrait de Staline n'est pas accroché. Ce sont eux qui s'assurent qu'il ne nous reste pas une chambre de libre. Ils entrent sans se faire prier, et durant tout le temps où ils parcourent notre appartement, nos parents restent dans le vestibule, silencieux et comme paralysés. Nous aussi, Eddie et moi, nous taisons.

Un soir, je surprends une conversation entre les Brink et mes parents. Les hommes de la milice sont passés chez mon grand-père et ils envisagent de lui prendre sa maison. Je vois de l'inquiétude dans les yeux de mon père, du chagrin dans ceux de maman, et je ressens pour la première fois un sentiment dévastateur sur lequel je ne mettrai de mots que bien plus tard. Comment osent-ils ? Cette maison, ce jardin, c'est le monde secret et merveilleux de mon grand-père, celui grâce auquel j'ai découvert le bonheur d'être vivante. Ils disent la beauté et la grandeur de cet homme, ils sont la part visible de son âme, et on les lui prendrait ? Mais comment est-ce possible ? Dans quel pays vivons-nous si on peut faire cela : entrer chez mon grand-père comme des voleurs,- ouvrir toutes les portes sans demander la permission, parcourir les belles chambres qui sentent l'encaustique, déranger ma grand-mère Slavka tandis qu'elle prépare le repas, puis fouler avec désinvolture les allées du jardin, considérer les poiriers, les rosiers, les dahlias, et à la fin proclamer que tout cela ne va plus appartenir à mon grand-père ? Dans quel pays vivons-nous si on a le droit de faire cela ? Et que va-t-il devenir, lui, si on lui prend sa maison et son jardin ? Un sentiment dévastateur, oui, sur lequel je reviens sans cesse, à la maison, à l'école, le soir en me couchant, me retenant de pleurer et n'osant pas en parler à maman puisqu'elle ne sait pas que je sais.

Je suis dans le même désarroi, dans la même révolte, sans avoir encore les mots pour le dire, ce jour où un homme de la milice frappe maman dans le dos. Nous sommes ensemble à un meeting de Gueorgui Dimitrov ou de son successeur, et nous devons applaudir. Toutes les trois ou quatre minutes l'orateur s'interrompt pour laisser à la foule le plaisir de s'exprimer tandis que des dizaines de drapeaux rouges claquent joyeusement dans le vent tout autour de la grande place. Maman et moi applaudissons sans doute, comme tout le monde, mais sans conviction, et, en ce qui me concerne, je ne parviens pas à fixer mon attention sur ce que dit l'homme. Nous sommes au dernier rang, arrivées parmi les retardataires. Maman s'est-elle aperçue qu'un milicien fait les cent pas derrière nous ? Moi, en tout cas, je l'ai vu. Je me suis discrètement retournée pour le surveiller, et c'est à ce moment-là justement, tandis que la foule applaudissait, qu'il s'est approché de maman et lui a donné un coup dans le dos avec sa matraque. À son tour elle se retourne, voit celui qui l'a frappée, mais ne proteste pas, ne demande pas pourquoi. Elle est simplement très pâle, je devine qu'elle souffre et cela me broie le cœur. Seulement elle n'a pas vu que j'avais vu et comme elle ne fait aucune allusion à l'événement, plus tard, quand nous reprenons le tramway pour rentrer chez nous, je n'ose rien lui demander et cette fois encore je retiens mes larmes.

C'est à peu près à la même époque qu'Eddie et moi apprenons que papa n'a plus de travail. Nos parents nous en font part très discrètement, feignant de croire que les choses s'arrangeront, que ce n'est pas grave du tout, mais j'ai suffisamment grandi pour deviner que leur principal souci est surtout de nous apprendre à nous taire. Après le coup porté à maman par le milicien, et son silence, son absence absolue de protestation, j'ai bien compris que toute manifestation de mécontentement peut désormais nous valoir de très gros ennuis.

Ainsi avons-nous appris que Pepa, la mère de mes deux amis Tony et Motko, venait d'être arrêtée pour avoir mis dehors des démarcheurs du Parti. Ils venaient demander de l'argent pour les enfants chinois et Pepa leur a claqué la porte au nez après leur avoir lancé au visage : « Mes enfants n'ont déjà pas de quoi manger, alors je n'ai rien à donner aux Chinois ! » Il n'en faut pas plus pour être condamné à vingt ans de prison – la peine dont écopera Pepa que nous ne reverrons jamais et qui mourra en détention.

Papa n'a plus de travail, et ni lui ni maman ne nous donnent les raisons de cette catastrophe dont il ne faut pas dire le nom. Il me faudra attendre des années avant d'en obtenir l'explication de la bouche d'André Brink : « Ce n'est pas l'ambassade de France qui n'a plus voulu de ton père, ce sont les autorités communistes qui lui ont mis le marché en mains : soit il continuait à travailler à l'ambassade et il collectait des renseignements pour les services secrets bulgares, soit il refusait de collaborer et en ce cas il lui était interdit de travailler à l'ambassade. Il a bien sûr refusé de trahir ses amis français et il a démissionné. »

Je devine aujourd'hui dans quel drame se trouvent précipités nos parents : ils n'ont plus aucun revenu, plus un sou pour nous nourrir et survivre eux-mêmes, nous partageons à quatre une petite chambre et ce pays qui s'enfonce chaque jour un peu plus dans la dictature et la misère ne leur offre plus aucun avenir, plus aucune espérance. Cependant, pas un instant ils ne se plaignent, ils gardent la tête haute, soucieux de nous protéger de l'angoisse et du désespoir qui doivent les étreindre.

D'autant plus que les arrestations se multiplient autour de nous. Après Pepa, c'est au tour de notre médecin, le docteur Tabakov. Il lui est reproché d'avoir soigné le fils de l'ambassadeur de Yougoslavie, pays avec lequel la Bulgarie entretient des relations détestables. Cela lui vaut une peine de prison de trois ou quatre années. Pris d'un malaise peu après sa libération, il tombera sous un tramway qui lui tranchera les deux jambes. Nous le retrouverons à Paris où il vivra dans un petit hôtel proche du nôtre. Puis il s'exilera aux États-Unis.

L'idée que maman puisse être arrêtée à son tour, et disparaître comme Pepa, commence petit à petit à m'obséder. J'ai six ans, bientôt sept, et si les ressorts secrets de ce régime me demeurent impénétrables, la terreur qu'il génère a fini par infiltrer mon cœur et tout mon système de veille.

Je ne sais pas ce que veulent les communistes, mais je sais qu'ils sont à la fois imprévisibles et impitoyables. Avant eux, il fallait commettre une faute pour être puni ; depuis qu'ils sont là, il n'y a plus de règles, on peut être puni sans avoir rien fait de mal, ou même en faisant le bien comme le docteur Tabakov. De sorte que je ne croise plus de miliciens dans notre quartier sans trembler pour maman. J'observe qu'ils notent sans cesse des informations dans un petit carnet tout en levant le nez sur les façades des immeubles. Pourvu que papa n'ait pas décroché le portrait de Staline ! Je vois bien que mon père n'aime pas Staline. Alors je cours jusqu'à notre immeuble – non, le portrait est toujours bien là. Mais ça ne suffit pas à me rassurer. Je grimpe les quatre étages en courant, j'ouvre la porte, je croise la femme de l'officier qui s'apprêtait à sortir et j'entre en coup de vent dans notre chambre : ouf, maman est bien là, occupée à raccommoder une chemise d'Eddie.

— Eh bien, ma chérie, pourquoi cours-tu comme ça ? Viens m'embrasser. Tout s'est bien passé à l'école ?

— La maîtresse a donné du travail pour demain.

— Reprends ton souffle, repose-toi un moment, et puis tu me montreras le cahier.

— Papa n'est pas là ?

— Il est parti voir quelqu'un pour un travail.

— Et personne n'est venu ?

— Personne, mon amour. Tu vois, je ne suis pas sortie de la journée, je suis restée là bien tranquillement à repriser tes vêtements et ceux de ton frère.

15

« Ma chère petite maman, épuisée, amaigrie... »

Nous allons partir pour la France, essayer du moins, mais c'est une décision qu'on ne doit surtout pas ébruiter et en aucun cas dont on doit se réjouir. Je me rappelle le soir où nos parents nous l'annoncent à mots couverts : ils semblent à la fois illuminés par le projet et terriblement préoccupés. En dépit de mon âge, je crois que je mesure bien l'enjeu d'une telle résolution : vouloir partir, c'est affirmer que l'on n'aime pas l'oncle Staline, ce qui se paie généralement de dizaines d'années de prison, voire d'une condamnation à mort, de sorte que nous allons tenter de partir en faisant valoir une tout autre raison qui n'entamera en rien l'amour et le respect que nous sommes censés porter à Staline et au régime qu'il a voulu pour la Bulgarie. Notre père vient de découvrir cette autre raison : né en France, il peut prétendre à la nationalité française, si bien que, devenant français – et nous avec lui –, nous ne ferons que rejoindre notre nouveau pays.

C'est à cette occasion qu'Eddie et moi apprenons l'histoire de la naissance de notre père qui va bientôt nous sauver la vie. Quand Robert Vartan, mon cher grand-père, tombe amoureux de Slavka, sa famille lui interdit de l'épouser – c'est une jeune fille trop « ordinaire », prétendent les parents Vartan, de riches négociants en grain d'origine arménienne qui rêvent pour leur fils d'un grand mariage. Mais Robert tient bon (comme papa le fera pour épouser Ilona Mayer) et le couple s'enfuit en France où Slavka se découvre enceinte. C'est donc à Champigneulles, près de Nancy, sur les rives de la Moselle, qu'elle met au monde Georges Vartan.

Papa a conservé tous ses amis à l'ambassade de France et il semble même que ce soit l'un d'entre eux, apprenant par hasard sa naissance en France, qui lui ait livré la mèche. Il a donc fait une demande de passeport auprès de l'ambassade et les fonctionnaires l'ont aidé, là-bas, à rassembler tous les papiers nécessaires. Il nous dit que l'ambassadeur lui-même suit son dossier et Eddie et moi nous mettons aussitôt à croire en ce rêve : partir pour la France, ce pays mythique dont notre grand-père nous a transmis l'amour et quelques comptines : *Trois jeunes tambours*, *Jean de la Lune*… Mais il va falloir être patients, car une fois le passeport établi, ce qui peut prendre plusieurs semaines, il faudra encore obtenir un visa de sortie des autorités bulgares.

Les jours passent, je ne dis rien à l'école, je m'efforce de ne rien montrer de mon impatience cependant que nous nous enfonçons dans une misère telle que nous, les enfants, n'en avions pas encore connu. « Ta mère ne se plaignait jamais, me racontera plus tard Mia Brink. Elle occupait ses journées à vous chercher de quoi manger, mais tes parents n'avaient plus un sou. Un soir, je suis passée chez vous sans prévenir, elle était en train de vous préparer une soupe à la farine et à l'eau. Elle n'avait même plus de pain, il ne lui restait qu'un peu de farine pour vous nourrir tous les deux. Elle et ton père ne mangeaient pas. »

Quel accablement doit éprouver maman qui à l'âge de quatre et cinq ans a connu une misère semblable dans la Hongrie vaincue de 1918-1919, courant à l'usine où travaillait sa mère pour lui demander du pain et ramassant des fruits pourris dans le caniveau ? Voilà que trente ans plus tard tout recommence. Elle marche alors sur les pas de sa mère dont elle écrira dans son cahier : « Ma chère petite maman, épuisée, amaigrie. Elle travaillait sans relâche pour nous obtenir de quoi manger. Dieu seul sait comment elle a pu se débrouiller. Tant d'amour, tant de privations... Je voudrais te ressembler, maman, et je ne sais pas si j'ai réussi. Tu étais toute ma vie, tu étais mon exemple. »

Me remémorant mon enfance, je pourrais reprendre à mon tour ses mots, ses mots exactement, et les lui adresser : « Ma chère petite maman, épuisée, amaigrie. Je voudrais te ressembler, et je ne sais pas si j'ai réussi. Tu étais toute ma vie, tu étais mon exemple. »

Mia et André Brink (lui a maintenant rang de diplomate à l'ambassade des Pays-Bas) tentent par tous les moyens de nous venir en aide. Ils nous portent discrètement des légumes, du fromage blanc, un peu de lait. C'est strictement interdit et passible de prison pour espionnage et haute trahison, car le régime considère que tout échange entre un fonctionnaire étranger et un citoyen bulgare dissimule un échange de renseignements confidentiels sur la Bulgarie. Je te donne à manger, tu me livres en échange des informations secrètes. Les mots « amitié », « compassion », « générosité » n'entrent pas dans le vocabulaire communiste. Peu après notre départ pour la France, les Brink seront d'ailleurs expulsés de Bulgarie sous l'accusation d'espionnage.

Maman finit par décrocher des petits travaux qu'elle peut faire à la maison. Elle peint des jouets et l'odeur très forte de la peinture lui donne la migraine. Ou elle fait de la couture, et il me faudra attendre de lire son cahier pour découvrir que sa mère fit la même chose à Budapest. Avec le peu d'argent qu'on lui donne, elle rapporte un peu de farine, deux ou trois pommes dont elle met les épluchures à griller sur le poêle et qu'Eddie et moi croquons ensuite comme des confiseries.

Combien de temps allons-nous tenir dans un tel dénuement et alors que le danger est partout, que celui qui ne travaille pas est considéré comme un parasite, que les liens de papa avec l'ambassade de France sont connus de la milice, que nos parents n'ont pas adhéré au Parti communiste, enfin que nous sommes surveillés jusque chez nous par l'officier dont on entend les bottes frapper le plancher dans ce qui fut notre salon ?

Un jour, comme je rentre de l'école, cet homme au regard de mort me coince dans l'entrée :

— Dis donc, toi, tu crois en Dieu ?

— Non.

— Alors qu'est-ce qu'elle a ta mère au-dessus de son lit ?

— Je ne sais pas, monsieur.

— Tu ne sais pas ? Tu veux qu'on aille voir ensemble ?

Mais alors la porte de notre chambre s'ouvre et maman apparaît.

Ce qu'elle a au-dessus de son lit, c'est le bas-relief de la Vierge et de l'Enfant. La Vierge qui a bien voulu me sauver de la scarlatine, croit-elle, la Vierge qui a entendu sa prière et ses sanglots et accompli un miracle.

Dit-elle la vérité à l'officier ? Oui, aujourd'hui j'en suis certaine. Elle trouve les mots, et l'autre en est sûrement touché dans ce qui lui reste d'humanité puisque, quelques semaines plus tard, quand il me surprend en aube blanche pour ma première communion (l'aube de Janine Brink, bien trop grande pour moi), il ne trouve plus rien à dire.

— Où vas-tu comme ça, habillée en mariée ?

— À l'église, monsieur.

— Tu crois donc à ces bêtises ?

Et comme je ne réponds rien, il ricane et s'en va.

16

Français !

RÉPUBLIQUE FRANÇAISE
Légation de France en Bulgarie
Passeport n° 7
Nom : VARTAN
Prénoms : Georges Robert
De nationalité française

Ça y est, nous sommes français. Et cependant, je ne me souviens d'aucune manifestation de joie de la part de nos parents. Tout juste si papa nous laisse lire ce qui suit :

Accompagné de sa femme
et de ses deux enfants
Mme Vartan, Ilona, 9 décembre 1914
M. Vartan, Edmond, 5 septembre 1937
Mlle Vartan, Sylvie, 15 août 1944
Valable pour un seul voyage en France

Maman, Eddie et moi figurons sur la même photo. Seul Eddie (Edmond pour l'état civil) sourit. Maman et moi fixons gravement l'objectif.

Nous sommes français, mais à quoi cela nous sert-il si les autorités bulgares ne nous accordent pas leur visa de sortie ? Pour l'heure, nous demeurons prisonniers dans notre propre pays, ou plutôt notre ex-pays, et c'est ce qu'Eddie et moi comprenons de la réserve de nos parents : surtout ne pas se réjouir trop vite, car la désillusion pourrait être terrible, et ne rien laisser filtrer de notre émotion.

Dans les jours qui suivent l'obtention de son passeport, notre père dépose sa demande de visa : un épais dossier comprenant notamment l'original de son extrait de naissance, si difficile à obtenir et preuve unique qu'il a bien vu le jour en France.

Alors commence l'attente.

« Chaque matin, se souviendra maman devant ma petite caméra, Eddie descendait comme un fou regarder dans la boîte aux lettres. Il remontait les yeux battus, le visage défait. Les semaines passaient et le visa n'arrivait pas. C'était épuisant pour les nerfs, incompréhensible. Ça ne pouvait pas durer, nous n'avions plus un centime, et je n'avais rien à vous donner aux repas. J'étais si désespérée, un soir, que j'en ai parlé à cet officier qui habitait chez nous. C'était une folie quand j'y pense, il n'avait jamais eu un geste en notre faveur, il ne nous aimait sûrement pas, mais c'est vers lui que je suis allée, peut-être parce qu'il représentait tout ce que ce régime avait de plus effrayant : l'inhumanité, le dogmatisme, la bureaucratie aveugle... Je lui ai dit : “On ne nous accorde pas le droit de partir, mais on ne nous accorde pas non plus celui de travailler. Comment pouvons-nous faire pour nourrir nos enfants ? Vous savez, monsieur, nous en avons parlé avec mon mari et nous avons décidé de nous jeter sous le train si cela continue. Quelle autre possibilité avons-nous ? »

Je viens de fêter mes sept ans et je suis sûrement consciente du profond désespoir de mes parents puisque c'est durant cet interminable été 1952 où nous n'avons plus rien à manger, où maman n'est plus que l'ombre d'elle-même, que me vient une idée capable de nous sauver.

— Tu sais, papa, lui dis-je un soir, tu devrais faire une statue de Staline, puisque tu sais très bien sculpter, et la donner au monsieur des visas.

— Tu crois, ma chérie ?

Je revois le regard de mon père où se mêlent impuissance et tristesse.

— Mais oui, comme ça il verra que tu aimes Staline et il nous laissera partir.

Papa m'embrasse. Maman me dira plus tard qu'il a été si touché qu'il s'est détourné pour nous cacher ses larmes.

Mais il suit mon conseil et réalise une sculpture représentant Staline et Dimitrov, le grand leader communiste bulgare mort en 1949, les deux hommes assis côte à côte, les yeux dans les yeux. Pour la petite histoire, cette œuvre, offerte par notre père à la Ville de Sofia, amènera la mairie à lui proposer un poste d'artiste quelques jours seulement avant notre départ pour la France.

Combien de semaines patientons-nous ?

Maman : « Finalement, un matin, ton père a été convoqué au bureau de la police. J'ai pensé qu'ils voulaient peut-être l'arrêter, et j'ai demandé à ton frère de l'accompagner. "Eddie, je lui ai dit, tu vas aller avec papa et tu l'attendras devant la police. Si tu ne le vois pas sortir après un moment, reviens vite m'avertir." Ils n'ont pas indiqué à ton père pourquoi ils l'avaient convoqué, mais quand il a posé des questions sur notre demande de visa, ils ont fait semblant de fouiller ici et là, et puis ils lui ont lancé : "Malheureusement, on ne retrouve pas votre dossier." Ils ont promis de le chercher. Ton père était hébété en rentrant. Si c'était vrai qu'ils l'avaient perdu, nous n'avions plus rien. Tout recommencer réclamerait des mois, et à quoi bon s'ils pouvaient se permettre de "perdre" les dossiers ? »

« Ton père est venu me voir le lendemain, me racontera plus tard André Brink, et il m'a dit : "Qu'est-ce que je fais maintenant ? Je n'ai plus de dossier, je n'ai plus un seul document prouvant que je suis français, on m'interdit de travailler, je n'ai plus rien du tout. J'ai peur qu'ils me coincent, qu'ils m'arrêtent." Nous avons réfléchi ensemble. Ils s'étaient au moins engagés à chercher le dossier, alors une idée m'est venue. "Écoute-moi, Georges, tu leur laisses deux ou trois jours, et puis tu y retournes. S'ils ne l'ont pas retrouvé, tu leur dis : "Bon, ça n'a pas d'importance, j'ai les originaux à la maison, je reconstitue le dossier et je vous le rapporte." C'est ce qui s'est passé, il les a bluffés et, une semaine après sa visite, ils l'ont de nouveau convoqué pour lui annoncer qu'ils venaient de remettre la main sur son dossier. »

Enfin, un matin, je me souviens précisément des cris de joie d'Eddie dans la cage d'escalier, Eddie oubliant toute prudence, se fichant des voisins comme de l'officier aux yeux de mort :

— Visas ! Visas ! Maman, papa, les visas ! Tout est là !

17

« Arrivé à la frontière, le train s'est arrêté... »

De notre départ pour la France, j'ai le souvenir de maman empilant soigneusement nos vêtements dans la malle d'osier. Je la sens à fleur de peau, tremblante, entre le rire et les larmes, à la fois épuisée et heureuse. Je ne devine pas qu'elle revit alors son départ de Hongrie pour la Bulgarie, à mon âge exactement, se rappelant sans doute la gaieté de sa propre mère tandis qu'elle aussi préparait la malle d'osier. « Fini la misère, écrira-t-elle dans son cahier, fini les culottes de vieux pantalons, et vive la vie ! » Mère et fille sont confiantes en 1922, certaines que tout vaudra mieux que la malheureuse Hongrie, tandis qu'en 1952 la petite fille devenue ma mère n'ose pas encore se réjouir.

« Nous n'étions pas du tout sûrs que les Bulgares vous laisseraient partir, m'expliquera plus tard André Brink. Nous pensions qu'au dernier moment, et peut-être même sur le quai de la gare, ils allaient vous arrêter, et cela nous préoccupait énormément. Nous avions évoqué cette possibilité avec tes parents – ils savaient, ils avaient conscience du risque qu'ils prenaient. Il était si facile d'accuser n'importe qui de trahison, d'espionnage, et de le jeter en prison. »

Pendant que maman prépare la malle, mon père et Eddie sont d'ailleurs chez les Brink. C'est oncle André qui a payé les billets de train et les leur donne, et c'est encore lui qui téléphone au secrétaire de l'ambassade des Pays-Bas à Belgrade, où notre train doit s'arrêter, pour lui demander de nous remettre une certaine somme en dollars. Cet argent devra couvrir nos premiers frais si nous arrivons à Paris. Oncle André ne veut pas nous le remettre à Sofia, car il pense que la police bulgare nous le saisira, soit à la gare, soit à la frontière. Et c'est encore lui qui appelle à Paris les Krauss, des Bulgares partis avant nous, pour nous recommander auprès d'eux. Eugène et Milka Krauss seront nos premiers amis en France et, plus tard, ils formeront avec les Brink notre famille d'adoption, les seuls êtres capables de comprendre d'où nous venions et de quels souvenirs nous étions faits.

Enfin arrive le jour du départ. Le train est vide et nous sommes les seuls voyageurs à monter dedans. Personne non plus sur le quai, à l'exception des nôtres : mon cher grand-père et ma grand-mère

Slavka qui nous a préparé un panier de provisions, André et Mia Brink, bien sûr, et peut-être une des sœurs de maman, Roji ou Lili, mais je n'en suis pas certaine. Maman me dira plus tard qu'elle avait demandé à sa mère, malade, la bonne et douce Rosa, de ne pas venir pour lui épargner l'émotion d'un départ en forme d'adieu. De fait, maman ne reverra pas sa mère vivante.

Le compartiment de troisième classe est vaste pour nous quatre, et tandis qu'Eddie et moi bavardons joyeusement avec nos grands-parents, accoudés à la fenêtre ouverte, complètement inconscients de ce qui se joue (moi, en tout cas), il m'arrive en me retournant de croiser les yeux de maman. Je ne l'ai jamais vue comme ça : le regard traversé d'éclairs, tempétueux, présente mais ailleurs, et cependant capable de me sourire, de me dire sans un mot : « Tout va bien, ma chérie, je suis là, ne t'en fais pas. » Oui, tout va bien, doit-elle penser, mais mon Dieu, faites que le train démarre, faites que la police n'arrive pas, sauvez-nous, je vous en supplie !

Quand soudain les portières claquent et qu'une première secousse nous fait chanceler tous les quatre, je suis déjà occupée à installer ma poupée Francette, et c'est maman qui me ramène à la fenêtre :

— Vite, Sylvie, viens dire un dernier au revoir, mon trésor !

Alors seulement je commence à comprendre, à réaliser, en voyant les yeux de mon grand-père noyés de larmes qui cherchent fébrilement les miens. Il se dresse sur la pointe des pieds en agitant son mouchoir, puis il se met à courir le long du wagon tandis que je lui crie par la fenêtre tout ce qui me vient : « Au revoir, mon Dedi, au revoir, je t'écrirai, je t'aime... Je t'aime tellement... » Le train prend de la vitesse et j'essaie de ne pas le perdre de vue tandis qu'il devient de plus en plus petit. Mais voilà, c'est fini, il a disparu, comme avalé par la fumée de la locomotive. Jamais je n'aurais pu imaginer une chose pareille. Mon grand-père sur le quai et son beau visage d'homme ravagé par le chagrin. Est-ce donc si grave ce que nous sommes en train de vivre ? Si une voix m'avait dit que je ne le reverrais plus, je ne l'aurais pas cru, bien sûr. D'ailleurs, je m'efforce de ne plus y penser, je ne veux pas comprendre, je tente déjà d'effacer cette image insupportable de ma mémoire. De nouveau je me préoccupe de Francette. Mais non, je n'ai rien effacé du tout puisque aujourd'hui encore cette image impossible me hante, inaltérable et brûlante.

Combien de temps roulons-nous avant d'atteindre la frontière ? Deux ou trois heures peut-être dont je m'abstrais complètement, inconsciente de l'angoisse qui étreint nos parents, ou ne voulant pas la connaître. Si la police ne s'est pas donné la peine de nous arrêter à la gare, songent-ils, c'est sans doute que l'intervention aura lieu à la frontière, en rase campagne, à cet endroit où le train s'immobilise juste avant de franchir les barbelés. « J'étais morte d'inquiétude, m'avouera maman des années plus tard, mais vous étiez si heureux, ton frère et toi. Alors je cachais ma peur comme je pouvais. » Ici, à quelques pas des barbelés, les policiers débusquent plusieurs fois par mois des clandestins cachés sous les wagons et les abattent d'une balle dans le dos s'ils cherchent à courir vers la Yougoslavie.

Maman : « Arrivé à la frontière, le train s'est arrêté. Ils sont entrés brutalement dans notre compartiment et ils ont dit : "Les femmes d'un côté, les hommes de l'autre." J'ai pensé : "Ça y est, ils nous séparent, c'est la fin..." Quand ils ont emmené ton père et Eddie, j'étais morte. Toi et moi, ils nous ont gardées dans le compartiment et ils ont commencé à tout retourner. Ils ont ouvert les boulettes de viande qu'avait préparées ta grand-mère, le pain, le fromage, ils ont tout mis en miettes pour voir si on ne cachait pas quelque chose. Toi, tu avais deux petites nattes, ils les ont défaites, ils ont fouillé dans tes cheveux. Après, ils ont vidé la malle en osier. J'avais un livre de poèmes en français, un cadeau de ton grand-père, ils l'ont déchiré page à page et ils ne m'ont rendu que la couverture. J'avais aussi des dessins et des peintures de ton père, et nos quelques photos, bien sûr, nos photos de mariage et celles de vous petits. Ils ont tout pris, tout emporté. L'un d'entre eux, qui était peut-être plus humain que les autres, a dû voir la peine que ça me faisait parce qu'il a dit : "Tous ces documents doivent passer par le ministère. Si le ministère met un coup de tampon au dos, vous pourrez les récupérer. Donnez-moi une adresse à Sofia, on vous les renverra." J'ai donné l'adresse de ton grand-père. Enfin, une heure plus tard, ton père et Eddie ont été ramenés dans le compartiment et le train est reparti. Cette fois, nous étions sauvés. »

J'ai des souvenirs très précis de la fouille dans le train, des hommes émiettant les précieuses provisions offertes par ma grand-mère, et je ne peux pas oublier les sanglots de ma mère quand les policiers ont quitté le compartiment. Maman pleurait rarement, elle estimait que c'était une marque de faiblesse, et j'allais écrire que dans mon souvenir c'est une des rares fois de notre longue vie partagée où je l'ai vue pleurer. À peine la porte refermée, elle s'est jetée sur nous, sur papa, sur Eddie et moi, et en nous pressant dans ses bras elle a éclaté en larmes. Bien sûr, il y a eu d'autres fois, en particulier l'après-midi où elle m'avait perdue, à Varna, et retrouvée en train de laver mes chaussettes, mais maman n'a jamais sangloté comme ce jour de décembre 1952, sur la frontière entre la Bulgarie et la Yougoslavie, quand on lui a ramené son mari et son fils et qu'elle a compris que nous étions sauvés.

À Belgrade, où le train s'arrête longuement, tout se passe comme prévu : l'ami d'oncle André nous retrouve et remet à papa la somme convenue. Et puis d'autres voyageurs montent, nous ne sommes plus seuls désormais dans le train et nos parents se détendent.

Mon premier souvenir du nouveau monde date de la gare de Trieste où nous faisons une nouvelle halte. Papa descend et moi je le suis des yeux depuis la fenêtre du compartiment parce que j'ai peur que le train reparte sans lui. Il disparaît, je guette son retour, et quand je le vois ressurgir, il sourit. Il m'a vue et il sourit. Et puis il brandit un sac en papier : « Une surprise ! » semble-t-il dire.

Il est essoufflé et heureux quand il entre dans le compartiment :

— Les enfants, regardez ce que je rapporte : des bananes !

J'ai huit ans mais je ne connais pas ce fruit, jamais je n'ai mangé de bananes. La première que je croque me fait fondre et maman éclate de rire en voyant ma surprise.

18

Noël à Paris

Le sourire de mes parents, sur le quai de la gare de Lyon, ce 24 décembre 1952. Il est cinq heures du matin, un vent glacé et mouillé s'engouffre sous les immenses verrières, tout ce que nous possédons au monde se résume à la malle d'osier qu'Eddie et papa viennent de débarquer du train, et cependant Ilona et Georges Vartan sourient. Ils n'ont pas de mots, aucune hâte, ils semblent même vouloir s'attarder là encore un peu tandis que les derniers voyageurs s'éloignent. Maman a relevé le col de son manteau et elle observe tout ce qui se passe autour de nous avec une forme de ravissement. Papa, qui ne s'est pas rasé depuis trois jours, qui me semble soudain bien plus vieux qu'à Sofia, paraît épuisé mais également ravi. Maman me racontera plus tard qu'à cet instant, comme nous sommes les seuls encore sur le quai, un homme a surgi de nulle part et a chaudement serré la main de papa avant de la saluer elle-même et de nous tapoter les joues – « une lointaine relation de ton père rencontrée à l'ambassade de France ». Je n'ai aucune mémoire de cet homme, balançant dans mon souvenir entre l'inquiétude que suscite en moi le vacarme de notre locomotive dans cette gare immense (celle de Sofia me semble minuscule en comparaison) et l'étonnante sérénité de mes parents que je ne perds pas un instant des yeux, consciente que sans eux cette ville dont je ne sais rien pourrait m'enfouir dans ses entrailles et m'y broyer.

Puis nous sortons de la gare, fouettés par la pluie, Eddie et papa portant la malle, maman et moi derrière eux, sa main chaude serrant la mienne. Nous suivons papa qui nous entraîne aussitôt dans un café et je n'oublierai jamais mon émerveillement devant les décorations de Noël – le sapin immense illuminé, les guirlandes, les étoiles lumineuses au plafond... Eddie et moi n'avions aucun souvenir d'un tel flamboiement, mais nos parents si. Nos parents que nous entendons dire pour la première fois qu'ils ont connu cela à Sofia, avant la guerre, avant les communistes. Nos parents qui pour la première fois parlent des communistes tout haut comme si nous ne devions plus avoir peur d'eux. Et d'ailleurs, quand deux hommes en uniforme entrent dans le café, les conversations continuent, personne ne semble craindre d'être arrêté. Entre-temps, nous nous sommes attablés et papa a commandé en français des cafés crème et des croissants. L'entendre parler le français est encore une autre surprise. Puis le goût des croissants, le goût inoubliable de la pâte feuilletée trempée dans le café au lait puisque, ici, nous dit papa, c'est ainsi que les Français prennent leur petit déjeuner, en trempant leurs croissants dans leur café. Bon, et puis ceci encore : comment croire qu'à Sofia il faut patienter trois heures dans la rue pour avoir cent grammes de pain quand à Paris il suffit de héler un serveur pour obtenir d'un seul coup quatre croissants ?

Ensuite, je ne me souviens plus, sans doute abasourdie par tant de nouveauté.

« En sortant du café, me racontera maman, l'ami de ton père nous a conduits à l'hôtel qu'il nous avait réservé. Par chance, il y avait une cheminée dans la chambre. Je suis aussitôt ressortie, j'ai ramassé sur le trottoir une branche de sapin et je suis allée acheter quelques bougies à Uniprix. En rentrant, j'ai installé ma petite branche sur la cheminée avec les bougies. J'étais si heureuse ! C'est comme cela que nous avons fêté tous les quatre notre premier Noël en liberté. »

Ils ont tout perdu pour cette liberté et maman peut s'écrier : « J'étais si heureuse ! » Avec le recul, je me dis que sa force et sa confiance en la vie dont je n'ai jamais cessé d'être le témoin m'ont permis de surmonter tous les chagrins, toutes les pertes, tous les deuils, moi qui ai grandi dans son ombre sans jamais la lâcher des yeux.

Nous ne passons que quelques nuits dans cet hôtel, *Le Lion d'Argent*, un deux étoiles bien trop cher pour nous. Dans les premiers jours de l'année 1953 nous emménageons à l'*Hôtel d'Angleterre*, un modeste établissement de la rue Montmartre, dans le quartier des Halles. Notre chambre est sombre, elle donne sur une cour et comprend deux grands lits aux montants de cuivre, un lavabo, un bidet, et deux petits cagibis où entasser nos affaires. Papa est parvenu à convaincre les hôteliers, M. et Mme Daniel, de lui faire confiance, et c'est déjà un petit miracle si l'on songe que nous sommes une famille d'immigrés sans aucunes ressources.

Eddie et papa dorment ensemble, tandis que maman et moi partageons l'autre lit. Je n'ai qu'un souvenir confus de notre arrivée à l'*Hôtel d'Angleterre*, je suppose que je vois combien le papier peint est triste, combien tout ici est étriqué et fané comparé à la maison de mon grand-père, et cependant je ne retiens de notre installation que la joie de maman, son émerveillement d'avoir ce toit pour nous quatre et les mots de remerciements qu'elle adresse à papa. Il dit qu'il tentera d'améliorer les choses, de changer peut-être le papier peint si M. et Mme Daniel ne s'y opposent pas, et j'entends encore maman :

— Oh, Georges, c'est déjà extraordinaire d'avoir trouvé ça ! Personne ne nous menace plus et nous n'avons de comptes à rendre à personne. De quoi pouvons-nous nous plaindre ?

« Chaque matin, me racontera maman, ton père partait attendre l'arrivée des journaux devant le kiosque. Il regardait les petites annonces dans *Paris-Presse-L'Intransigeant*, et il courait aux adresses indiquées. C'est comme cela qu'il a trouvé rapidement du travail à la triperie de M. et Mme Cousin. L'annonce réclamait quelqu'un pour réceptionner les marchandises et tenir la comptabilité, il s'est présenté le premier. On lui a fait remplir un questionnaire et on lui a dit qu'on le rappellerait. Il avait donné le téléphone de l'*Hôtel d'Angleterre*. Il était à peine revenu que le téléphone sonnait. Vite, M. Daniel l'appelle : "Monsieur Vartan, c'est pour vous !" Mon Dieu ! Et c'était le patron de la triperie qui voulait le voir immédiatement... J'étais certaine que ça marcherait, ton père était tellement sérieux ! Ils se sont mis d'accord et il a été embauché. Il devait se lever chaque jour à deux heures du matin pour courir aux Halles réceptionner les marchandises. Chaque chose reçue devait être mentionnée dans un grand cahier, et ton père avait une si belle écriture... Puis il rentrait se reposer, il se changeait, et il devait être l'après-midi rue Mouffetard, dans les bureaux de l'entreprise. »

Deux semaines à peine se sont écoulées depuis notre arrivée gare de Lyon, et ça y est, nous avons un toit et papa un travail. Durant ce même mois de janvier 1953, nos parents nous inscrivent à l'école. Eddie, qui a quinze ans, entre au collège de la rue Étienne-Marcel tandis que je suis admise à l'école communale, rue de la Jussienne. Mais nous ne sommes pas logés à la même enseigne, lui et moi : tandis que je vis cette rentrée scolaire dans une relative légèreté, parmi des enfants de mon âge, et vais me mettre au français en six mois, Eddie, qui était en seconde à Sofia, se trouve rétrogradé en classe de sixième parmi des enfants qui ont une tête de moins que lui, le temps d'apprendre la langue. On se moque de sa taille, de son mutisme, puis quand il parlera le français on se moquera de son accent. Nous ne mesurons pas à ce moment-là combien Eddie souffre, combien le bouleversement de notre vie est plus douloureux pour lui, qui est adolescent, que pour moi qui suis encore une enfant. Eddie n'en dira jamais rien par la suite et, conscient des difficultés de nos parents, il ne se plaindra pas non plus – ni d'être quotidiennement humilié au collège ni de devoir dormir avec son père et de n'avoir aucune intimité –, mais tout cela fera de lui un homme mélancolique et solitaire, profondément blessé par le déracinement.

19

Un colis en provenance de Sofia

« Ton père a entendu dire que M. et Mme Cousin cherchaient une personne pour la comptabilité. C'est ce que je faisais à la pâtisserie de Sofia, la comptabilité. Il m'a donc proposée à ses patrons, en leur expliquant qu'au contraire de lui je ne parlais pas le français. Ils ont répondu qu'on pouvait au moins voir, et ils m'ont prise à l'essai. Je devais régler les fournisseurs et envoyer les lettres de commande. Comme j'étais incapable d'écrire en français, à l'heure du déjeuner je sortais des archives les vieilles lettres de commande et je les apprenais par cœur, ou je les recopiais dans un carnet. Et ça a marché, ils ont bien voulu me garder !

« Nous étions arrivés en décembre. En janvier ton père avait un travail, et en février j'en avais un à mon tour. »

C'est la première fois dans ma vie qu'en ouvrant notre porte je ne trouve pas maman derrière. Dans la maison de mon grand-père je savais où la découvrir, c'était facile, elle était partout, et plus tard, dans notre appartement, quand les gens ont commencé à disparaître et que je grimpais les étages en courant comme une folle à la pensée qu'on ait pu l'arrêter, elle avait toujours été là, derrière la porte, avec son beau sourire et ses mots d'amour. Mais à présent c'est fini. Désormais, quand je rentre de l'école, la chambre est vide. Comme je ne suis pas assez grande pour attraper la clé de la numéro 14 sur le tableau, M. Daniel a eu l'idée d'y attacher une ficelle et de la placer au fond du casier. Comme cela, je ne dérange personne, je n'ai qu'à tirer la ficelle pour recevoir la clé sur la tête. Arrivée dans notre chambre, j'allume toutes les lampes pour ne pas avoir trop peur et puis je mange mon goûter et fais mes devoirs en attendant maman.

Aussitôt qu'elle apparaît, c'est un enchantement. Nous préparons ensemble le velouté de champignons Maggi sur le réchaud à alcool et papa rapporte parfois quelques abats de la triperie que lui a donnés M. Cousin, de la langue le plus souvent que personne n'aime mais que maman cuisine malgré tout, car « c'est une occasion de manger de la viande ». Les dîners sont étonnamment joyeux, jamais nos parents ne se plaignent de quoi que ce soit et quand ils évoquent ceux que nous avons laissés à Sofia, c'est pour se rappeler les bons souvenirs – à Lakatnik, à Varna ou dans le jardin de mon grand-père. Papa, qui n'a plus ni piano ni pinceaux, qui passe maintenant la moitié de ses nuits à enregistrer des colis de triperie, n'a jamais un mot de tristesse ou d'amertume.

« Les week-ends, on ne travaillait pas, se souviendra maman. Le samedi, cachée dans mon petit cagibi, je faisais la cuisine pour deux jours, la lessive et le repassage. Le dimanche après-midi, ton père me proposait de l'accompagner faire un tour. Je disais : "Non, je préfère rester là. Va avec les enfants, ils sont si contents quand tu les emmènes promener." Dès que vous étiez partis, je me remettais au lit et je lisais. C'était mon plaisir ! Je lisais tout ce que ton père rapportait, des livres de poche, des guides de Paris, des biographies de musiciens, avec mon petit dictionnaire à côté de moi. C'est comme ça que j'ai appris le français. Ça n'a pas été trop difficile, j'étais tellement attachée à ce pays, à sa langue, à sa culture. Tellement reconnaissante envers la France de nous avoir accueillis… »

Maman qui est hongroise, qui s'est mise au bulgare à l'âge de huit ans, apprend donc le français toute seule à la veille de ses quarante ans.

Elle découvre aussi Paris, son métro, sa banlieue, et ce n'est pas un apprentissage facile non plus.

« Un soir, me racontera-t-elle, M. Cousin me fait venir dans son bureau : "Madame Vartan, il faudrait que vous portiez les livres de comptes à cette adresse, chez M. et Mme X, avenue Ernest-Reyer, dans le 14e arrondissement. C'est la ligne Porte-d'Orléans, ça va aller ? Vous trouverez ? – Oui, monsieur Cousin, ne vous faites pas de souci." Je disais toujours "oui", mais pour moi c'était le bout du monde, jamais je n'avais été si loin et je comprenais encore très mal le français.

« J'arrive porte d'Orléans, je demande mon chemin au monsieur du kiosque à journaux, et me voilà partie de l'autre côté, vers Montrouge. Je marche, je marche... Il se met à pleuvoir et les livres pesaient de plus en plus lourd sur mon bras. Pas d'avenue Ernest-Reyer, nulle part. J'étais épuisée, désespérée. Alors je retourne vers le métro, sous la pluie, dans le soir qui tombait, et là je m'assois sur un banc et je me mets à sangloter avec mes gros livres sur les genoux.

« Et puis brusquement je me suis dit : "Mais comment oses-tu pleurer ? Tes enfants sont au chaud à l'hôtel, toi tu as du travail, ton mari aussi, alors lève-toi et fais donc ce que tu dois faire au lieu de pleurnicher. Tu ne vois donc pas la chance que tu as ?" Je suis repartie et j'ai trouvé l'avenue Ernest-Reyer. Les gens qui m'attendaient commençaient à s'inquiéter, toute la famille était là à me regarder dégouliner de pluie, l'air de se demander d'où je sortais. Et moi, je souriais, je pensais à

20

Madame Vartan

Dès ce premier hiver à l'*Hôtel d'Angleterre*, papa a tiré le meilleur parti possible des deux petits cagibis. Dans l'un, il a installé trois ou quatre étagères et une penderie juste en dessous, de sorte que nos vêtements, soigneusement repassés, y sont maintenant rangés ; dans l'autre, il a mis l'épicerie et construit un minuscule plan de travail sur lequel maman pose son réchaud à alcool et prépare les repas. Il est normalement interdit de cuisiner dans les chambres, mais pour nous M. et Mme Daniel ferment les yeux. Après avoir fait confiance à papa le premier jour, ils ont découvert maman et je vois combien même M. Daniel, qui est pourtant bougon, semble touché par elle et soucieux de lui faciliter les choses.

Pour la toilette, comme nous n'avons pas de salle de bains, Eddie et nos parents vont aux bains-douches municipaux. Mais maman ne veut pas m'y emmener, elle a peur que j'attrape une maladie, aussi s'arrange-t-elle pour me laver dans le bidet. Elle attend que les deux hommes soient sortis et elle fait sa petite installation : des serpillières tout autour du bidet pour ne pas inonder le plancher, le broc rempli d'eau bien chaude, savon et serviette à portée de main :

— C'est prêt, ma petite chérie !

Je me tiens debout dans le bidet et maman m'arrose doucement avant de me savonner. Le meilleur moment c'est à la fin, quand elle m'enroule dans la serviette et me frotte, me frotte, pour que je ne prenne pas froid. Je me souviens d'un jour où il neige dehors tandis qu'elle me frictionne dans la serviette chaude à quelques centimètres du radiateur. Elle a tiré les rideaux pour arrêter l'air froid qui s'infiltre par la fenêtre, mais il demeure un petit espace à travers lequel j'aperçois les flocons qui tombent lentement dans la cour, comme à Sofia sur le jardin. Est-ce le souvenir de la véranda de mon grand-père ? des bras de maman qui me portent pour me permettre d'attraper les flocons grands comme des mouchoirs ? Je me sens soudain comblée au point de fermer les yeux. Maman est là, il neige dehors et j'ai bien chaud. Qu'est-ce que je pourrais demander de plus ? espérer de mieux ? Aujourd'hui, je donnerais n'importe quoi pour revivre une seule de ces journées.

Pendant qu'elle apprend le français avec son petit dictionnaire dans les livres d'occasion que papa achète chez les bouquinistes des quais de Seine, lui erre tous les samedis matin dans le sous-sol du BHV, sa caverne d'Ali Baba. Nous n'avons pas d'argent, mais il trouve toujours le moyen de rapporter un nouvel épluche-légumes miracle, ou un nouveau presse-purée pour maman qui feint de se mettre en colère, ou de s'extasier – « Oh, Georges, mon cherrri, qu'est-ce que je vais bien pouvoir faire de ça ? »

Un jour, il revient avec un pot de colle et des rouleaux de papier peint. Il a choisi un bleu pâle qui accrochera la faible lumière qui tombe de la cour, les Daniel lui ont donné leur accord, et en un week-end notre chambre est métamorphosée. Cette fois, maman est éblouie et la manière dont elle regarde notre père me rappelle nos dernières soirées chez les Brink, à Sofia, quand il se mettait au piano et que tout le monde se taisait soudain pour l'entendre jouer. Maman ne voulait pas montrer qu'elle était émue, mais tout en elle semblait dire : « Voyez comme on écoute votre père. C'est un artiste, un grand musicien. »

Nous n'avons pas de quoi nous offrir le restaurant bulgare, mais maman a trouvé le moyen de nous cuisiner malgré tout la délicieuse *banitsa*. Le dimanche matin, nous allons en famille acheter la pâte feuilletée et la feta chez les commerçants orientaux de la rue Bleue, ou de la rue de Trévise, et pour la cuisson, elle s'est arrangée avec le boulanger, juste en face de l'hôtel :

— Ah, madame Vartan ! Mais oui, donnez-moi ça, et repassez dans une demi-heure, ça sera prêt.

Tout le monde aime maman : les Daniel, les Cousin, le boulanger, l'épicier de la rue Mandar chez qui je choisis mon goûter en rentrant de l'école et prends également le dîner : le velouté de champignons Maggi en poudre, des pâtes et du gruyère râpé, parfois du jambon, des Vache qui rit, des bananes.

Maman : « L'épicier de la rue Mandar nous faisait crédit. C'était un Marocain, il était très gentil, toujours souriant. Je passais le régler dès que j'avais ma paie, tout était noté dans un cahier. Tu adorais les nonnettes fourrées à l'orange, alors tu te servais toi-même et tu lui disais : “Maman viendra vous payer quand elle aura son argent.” Ça le faisait rire. Et moi qui ne supporte pas de devoir de l'argent, je courais chez lui : “Voilà, voilà, monsieur Hassan, je viens rembourser les dettes de ma fille.” »

Et puis nous avons fait la connaissance des Krauss dont les Brink nous avaient donné le nom, Eugène et Milka Krauss qui sont devenus de véritables amis au fil des semaines. Bulgares et juifs, les Krauss ont paradoxalement profité de l'antisémitisme du régime communiste qui souhaitait se débarrasser des Juifs. Ils ont pu partir librement, bien avant

Maman...

Dans les bras de maman. Avec Eddie de quelques années mon aîné. Maman est partout présente dans mes premiers souvenirs. Ses yeux couleur de miel, son souffle sur ma joue, ses bras d'où je découvre l'étrangeté du monde.

Dans la beauté de ses dix-neuf ans, maman est éblouissante. Elle vient de rencontrer papa dont elle écrira plus tard : « Ô mon merveilleux amour, que tu étais beau ! Je t'ai aimé tout de suite, ta voix, ton regard, tes yeux comme du velours. »

Mes parents, au temps de leurs fiançailles en 1934. Papa a vingt ans, il vient de terminer son service militaire, et maman dix-neuf.

Mes parents, tous les deux graves et romantiques, le 9 février 1936, jour de leur mariage. Il neigeait sur Sofia. C'est sur un traîneau piqué de perce-neige qu'ils gagnèrent l'église.

Mes parents, ici, dans les montagnes qui entourent Lakatnik, au-dessus de Sofia, où mon père nous avait mis à l'abri durant la guerre. Jusqu'à notre départ définitif de Bulgarie, nous retournerons souvent à Lakatnik, le lieu de ma naissance et aussi de nos plus beaux souvenirs en famille.

« Ma chérie Sylvie,
J'aime beaucoup la nature, quand tout est en harmonie, sauf qu'il y a toujours les plus forts qui mangent les plus petits et ça me chagrine un peu. J'admire beaucoup les arbres, et parfois je rêve d'en être un, que j'abrite mes oiseaux à moi, que mon feuillage les préserve de toutes les tempêtes du monde et des éclairs maléfiques de la vie. Je pense que tu vas sourire de ce que je t'écris, mais je voudrais tellement vous voir heureux que je donnerais ma vie encore et encore pour vous. »

Mon grand-père maternel Rudolf Mayer, déçu par ses deux garçons, avait une confiance aveugle en ses quatre filles. Ci-dessus de gauche à droite, les trois sœurs de maman : Mitzi l'aînée, confidente de maman, Roji, et la petite dernière, Lili, dont le communisme a ruiné la vie et qui nous rejoindra en France peu avant de mourir.

Maman, ici, dans les premiers temps de ses fiançailles avec mon père, entre ses futurs beaux-parents : Slavka et Robert Vartan. Tout dans son attitude, la fierté, le regard comme aux aguets, témoigne d'une forme de méfiance ou d'embarras. Après quelques mois cependant, les Vartan l'adoreront.

Rudolf Mayer était architecte. Il a construit l'église de Kobanya, près de Budapest, où le premier mariage qui a été célébré fut le sien avec ma grand-mère Rosa.

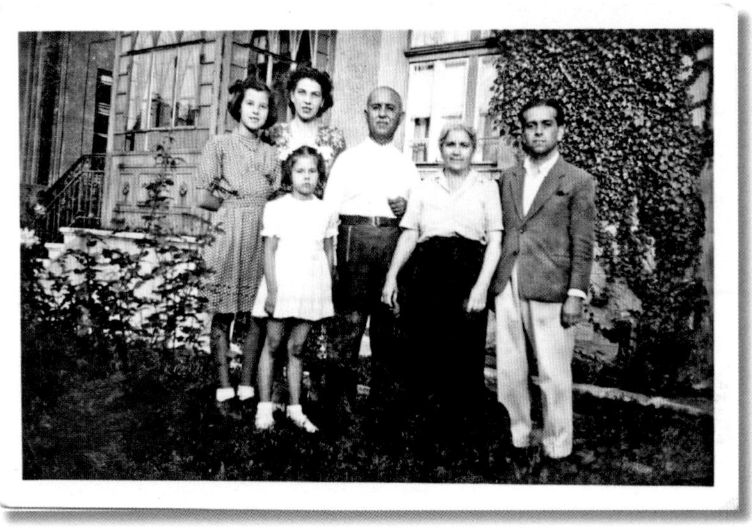

Dans le jardin de mes grands-parents avec tous ceux que j'aime alors le plus au monde : papa et maman, mes grands-parents Vartan, Slavka et Robert, Maria, ma chère cousine, mon modèle. Ne manque qu'Eddie, mon frère chéri.

Staline et Dimitrov. Sur mon conseil, papa réalisa à contrecœur cette statue qui a certainement contribué à nous faire obtenir nos visas de sortie. À la vue de cette œuvre, on lui proposa de devenir un des artistes du régime, ce qu'il refusa.

Le bas-relief de la Vierge à l'Enfant qui a suivi maman toute sa vie : de Budapest à Sofia (en dépit de la haine des communistes pour toute forme de religion), de Sofia à Paris, enfin de Loconville à Los Angeles.

Sur ce bas-relief, papa a immortalisé, sous le profil de Jeanne d'Arc, les traits de maman en guerrière. L'œuvre, retrouvée à l'ambassade de France à Sofia, nous sera envoyée à Paris. Depuis, jamais je ne m'en suis séparée.

Après quatre années dans une chambre d'un modeste hôtel près des Halles, nos parents parviennent enfin à acheter à crédit un petit appartement à Clichy-sous-Bois dans l'une des premières cités des années 1950.

Les inséparables ! Eugène et Milka Krauss (à gauche) seront nos premiers amis en France et, plus tard, ils formeront avec Mia et André Brink (à droite de part et d'autre de maman) notre famille d'adoption. Les seules personnes capables de comprendre d'où nous venions et ce que nous avions vécu, car ils avaient traversé les mêmes épreuves, les uns et les autres contraints de fuir le communisme.

Ici, je pose avec Mme Daniel, devant sa petite maison de Blainville-sur-Mer où nous avons passé nos premières vacances en France, l'été de mes dix ans. Cette femme adorable et généreuse est la première à nous avoir tendu la main en nous offrant ce séjour chez elle. Propriétaire de l'*Hôtel d'Angleterre* où nous avons vécu durant nos quatre premières années à Paris, elle avait acquis une grande estime pour le courage de mes parents.

Loconville. Au milieu de l'année 1963, Eddie et moi réalisons notre vœu d'enfants : acheter un château à nos parents. Nous les supplions d'arrêter de travailler et de profiter enfin de la vie.

Près de la propriété, dans la forêt, tandis que nous marchons silencieusement, nous découvrons soudain une Vierge Marie. Maman y verra un signe et adorera cette maison.

Malgré mon départ pour Los Angeles, Loconville demeurera la maison de famille où nous nous retrouverons tous chaque année. Ici, autour de maman, avec Tony qui vient d'entrer dans ma vie, nous fêtons les treize ans de David.

Mon mariage avec Tony Scotti le 2 juin 1984 à Los Angeles. Ici, en présence de maman et de David.

Ann Scotti et maman, nos mères désormais complices et inséparables. Les deux femmes auraient pu être sœurs jumelles tant elles ont les mêmes valeurs…

Maman aimait la fête ! Elle était heureuse d'organiser des dîners dans notre maison de Loconville. Ici avec Eddie et Tony, les deux hommes de ma vie.

Eddie et maman, tous les deux très émus lors de leur retour en Hongrie où ma mère a vu le jour en 1914.

Nous nous sommes tant aimées

Dans ses bras, j'avais toujours le sentiment d'être une enfant.

Lorsque maman acceptait de m'accompagner à une première, c'était un plaisir de nous préparer ensemble.

Pour les quatre-vingts ans de maman, à *L'Orangerie*, le restaurant de Los Angeles qu'elle aimait tant.

Après mon premier concert à Las Vegas, le jour de ses soizante-douze ans, ma plus belle récompense, ce sont ces mots de maman : « C'est bien, ma petite chérie, je suis heureuse et je suis fière de toi. «

Prendre le temps de s'aimer...

À Paris, pour fêter mes dix ans de mariage avec Tony.

Encore et encore rester avec toi...

Maman avec trois de ses petits garçons : David, et les deux fils d'Eddie Michaël et Nicolas.

Entourée de ses arrière-petits-enfants Ilona et Emma sur sa droite, Cameron dans ses bras ; et sur sa gauche, sa petite-fille, Darina. Les quatre enfants qui ont illuminé ses dernières années.

Trois générations… ! Maman était tellement heureuse quand, avec Darina, nous étions à ses côtés.

nous, et ils nous aident à présent autant qu'ils le peuvent. Si je semble flotter dans mes vêtements sur les photos de nos premiers mois en France, c'est qu'Anne-Marie, leur fille, que je considère comme une sœur et qui m'a légué toute son ancienne garde-robe, a trois années de plus que moi. Pour nous qui n'avons rien, c'est inespéré et somptueux : des blouses à petits carreaux roses et bleus, des jupes de flanelle à plis, des robes à manches ballons, etc.

Quand arrivent les grandes vacances, notre premier été en France, Mme Daniel est embêtée de nous voir traîner sur le trottoir, Eddie et moi. D'autant qu'avec les Halles à trois cents mètres de là, tout le quartier est baigné d'odeurs fétides tandis qu'on ne compte plus les rats.

Un jour, elle retient maman à son retour du travail :

— J'ai une petite maison là-bas en Normandie, à Blainville-sur-Mer. Pourquoi vous n'iriez pas quelques jours avec les enfants ? Il y a des pommiers dans le jardin, un potager…

— Oh, madame Daniel, c'est gentil, vraiment, mais nous n'avons pas les moyens.

— Allons, allons, ça ne vous coûtera que le voyage. Parlez-en avec M. Vartan.

« Cette femme, me dira maman, c'était la gentillesse même. Elle nous a embarqués dans le train jusqu'à la gare de Coutances et, de là, elle nous a conduits chez elle. La mer était tout près, j'étais tellement contente pour vous ! À la fin, Eddie a construit un petit voilier dans un os de sèche pour offrir à M. Daniel, et toi tu as brodé pour elle un joli napperon au point de croix. »

De ces premières vacances en France, l'été de mes neuf ans, il me reste quelques photos. Sur l'une, je suis à vélo dans une rue du village, habillée d'une des robes d'Anne-Marie Krauss – le grand vélo de Mme Daniel que je semble mener avec dextérité. Sur une autre, Eddie et moi sourions de toutes nos dents d'enfants, en maillots de bain sur la plage de sable. Ma préférée me représente dans les bras de mon père, auprès de maman.

Papa a pu nous rejoindre pour une journée. Il est assis sur un muret, je suis sur ses genoux et il m'enlace. Maman, qui se tient debout sur notre droite, a chastement posé sa main sur l'épaule de son mari. Elle porte un chemisier sans manches et un short, comme le veut la mode au milieu des années 1950. Elle et lui sourient sans ostentation à Eddie qui prend la photo. On voit aussitôt comme ils sont solides et solidaires, mais on les devine aussi épuisés et assurément surpris de se retrouver là, en vacances au bord de la mer, après ces six mois terriblement éprouvants durant lesquels ils n'ont pas cessé un instant de se battre pour notre survie.

21

Rêveuse

Nous allons passer quatre années à l'*Hôtel d'Angleterre*, mais dès le second hiver notre situation s'améliore : Mme Daniel propose de nous louer pour quelques francs supplémentaires la salle de bains commune à tout l'étage et qui se trouve être attenante à notre chambre. Nos parents acceptent aussitôt.

« Ton père a pris les mesures de la baignoire et il est parti pour le BHV acheter une planche de contreplaqué et une feuille de plastique à clouer dessus. Une sorte de lino vert, façon marbre – il aimait les couleurs gaies, comme le bleu de la chambre. La planche s'emboîtait parfaitement sur la baignoire et il m'a installé dessus un nouveau petit réchaud à alcool, deux brûleurs au lieu d'un seul. Un véritable luxe. Ainsi, je pouvais cuisiner confortablement et, quand l'heure du bain venait, il suffisait de retirer la planche. C'était formidable ! »

Fini les bains municipaux ou la douche dans le bidet – désormais, nous pouvons nous laver quand ça nous chante. Pour moi, cependant, la véritable révolution ne tient pas au retour de la baignoire dans notre vie quotidienne mais à la présence… d'une porte à ouvrir. Après des mois à quatre dans un espace unique et minuscule, j'avais oublié combien l'existence d'une porte donne un sentiment de confort, et j'allais même écrire d'« opulence ». Savoir que ce qui se trouve derrière cette porte est également à soi, n'est-ce pas, et qu'il suffit de l'ouvrir pour accéder à ce nouvel espace. Je me rappelle que durant les premières semaines, aussitôt rentrée de l'école, c'est à ce jeu que je joue. Je regarde la porte de la salle de bains tandis qu'elle est fermée, tout en avalant mon goûter, me retenant d'aller l'ouvrir, entretenant le rêve jusqu'au moment où le désir me submerge. Alors très lentement je l'ouvre, et découvrant la salle de bains, l'immensité de la salle de bains, je ne peux pas retenir une exclamation de surprise. Quoi, tout cela aussi est à nous ? Mais quelle chance nous avons ! Bon, et puis après ça je recommence, retournant vers la fenêtre, essayant de tout oublier pour avoir le plaisir de redécouvrir notre porte et, juste derrière, notre merveilleuse salle de bains.

Avec cette porte derrière laquelle on peut se cacher et soudain surgir, comme sur une scène de théâtre, me revient le goût de jouer et de me déguiser. Je n'ai pas oublié mon éblouissement devant le théâtre bulgare ni l'ivresse qui m'a saisie lorsque j'ai incarné une écolière sur le tournage d'un film bulgare – *Sous le joug* – durant nos derniers mois à Sofia. Le réalisateur, Dako Dakovski, était un ami de mon père, je n'étais qu'une figurante parmi d'autres, mais il me semble que jamais je n'ai été aussi heureuse, comme si devenir quelqu'un d'autre permettait de donner une autre dimension à la vie – si dure, si triste durant cette ultime année en Bulgarie. Ce rêve de devenir quelqu'un d'autre, et l'envie secrète de repeindre en rose l'avenir, me pousse de nouveau à me déguiser dans notre petite chambre d'hôtel, et cette fois en pharaon puisque je viens de voir au cinéma, avec Eddie et papa, *La Terre des pharaons* de Howard Hawks. Maman n'aurait jamais dû le savoir (d'autant que je lui emprunte ses vêtements), mais ce soir-là elle rentre plus tôt et me surprend en habits de scène.

— Sylvie ! Mais qu'est-ce que c'est ? Mais tu deviens folle !

— Quand je serai grande, je serai actrice !

— Ma chérie, ne dis pas ça, ne rêve pas, actrice ce n'est pas un métier.

Pour la première fois je lui tiens tête, et je vois combien mon obstination la trouble. D'ailleurs, le lendemain, je l'entends dire à papa qu'il devrait peut-être éviter de m'emmener au cinéma, car le cinéma m'emporte dans un monde imaginaire qui me fait perdre le sens de la réalité et risque petit à petit de m'éloigner des études et d'une « carrière sérieuse ».

En vérité, je le découvrirai plus tard, elle ne fait que répéter ce que lui a dit son père, l'année de ses quatorze ans, lorsqu'elle a rêvé tout haut de devenir danseuse classique : « Artiste, ce n'est pas un métier. »

Pauvre maman, elle n'a pas besoin de ce souci supplémentaire alors qu'elle fait des doubles journées pour nous élever dans le droit chemin, le respect des règles communes, et nous permettre d'avoir plus tard de « vrais » métiers. Le soir, quand nous sommes tous au lit – et nous nous couchons tôt, car papa se lève à deux heures du matin –, le travail de la maison commence pour elle. Elle s'installe sous la petite lampe du lavabo qu'elle recouvre d'un journal, elle pose ses pieds sur le bidet, car elle a peur des souris qui sortent la nuit, et elle entreprend de recoudre tout ce qui a lâché dans la journée, les boutons de chemise d'Eddie, l'ourlet de pantalon de papa, mes socquettes, etc.

Comme je n'aime pas m'endormir sans elle, je l'observe depuis notre lit. Les premiers temps, je prie secrètement pour qu'une souris surgisse, car maman, qui ne craignait pas les miliciens de Staline, a une peur terrible de ces petites bêtes. Quand par hasard l'une d'entre elles apparaît, elle ne peut pas s'empêcher d'étouffer un cri et généralement elle bondit dans le bidet en lâchant son ouvrage. Et moi je ris toute seule, idiote et cruelle, enfouie jusqu'aux yeux sous la couverture.

Un jour, cependant, cela cesse brusquement de me faire rire, comme si j'avais atteint l'âge d'où considérer enfin avec émotion l'étonnant destin de ma mère : enfant malmenée par la guerre dès sa naissance, puis s'ouvrant au monde grâce au père, un temps gâtée, un temps rêveuse, avant que la mort de ce père adoré et magnifique fasse d'elle une simple serveuse, puis jeune femme éblouie par l'amour, celui qu'elle porte à Georges Vartan qui le lui rend bien, de nouveau gâtée, de nouveau rêveuse, avant qu'une autre guerre, puis les communistes, lui volent tout ou presque de ce bonheur partagé, jusqu'à la réduire à repriser nos petits vêtements, la nuit, dans cette pauvre chambre, harcelée par les souris et les yeux brûlants de fatigue.

Oui, un jour cela cesse brusquement de me faire rire, et ce jour-là, ou plutôt cette nuit-là, je me lève et je vais la prendre dans mes bras. J'ai onze ans dans mon souvenir, ou peut-être douze.

— Quand je serai grande, maman, tu ne feras plus ça. Je t'achèterai une maison, un château, et tu te reposeras. Tu écouteras papa jouer du piano et tu te reposeras.

— Ma petite chérie !... Il ne faut pas rêver, tu sais. Travaille bien à l'école, passe ton baccalauréat, ça sera le plus beau des cadeaux.

— Non, maman, écoute-moi ! Je serai artiste et je t'achèterai un château !

Elle avait secoué la tête :

— Ne rêve pas, mon trésor, je t'en supplie, et va vite te coucher, sinon demain, à l'école, tu vas dormir sur tes cahiers.

22

Ils chantent à Paris et pleurent à Sofia

Un jour, le soleil entre chez nous par le biais d'une vieille TSF dont M. Cousin a fait cadeau à papa. Elle bouleverse notre vie, car maman découvre avec ravissement la chanson française et se met à fredonner le dimanche Charles Aznavour, Gilbert Bécaud ou Georges Brassens. Parfois, elle et papa écoutent ensemble *La Minute de Saint-Granier* et nous les entendons rire. Maman parle couramment le français à présent et, bien souvent, quand nous rentrons d'une promenade aux Tuileries avec mon père, nous la surprenons en train d'écouter les nouvelles du monde.

C'est comme cela que nous la trouvons en larmes, un soir de l'automne 1956 : les chars soviétiques viennent d'entrer à Budapest, sa ville, sa ville chérie, celle où elle a vu le jour et ramassé des légumes pourris dans les caniveaux pour ne pas mourir de faim. Sans doute est-ce la seconde fois de notre vie – après le passage de la frontière – que je la vois en pleurs, éperdue de chagrin, trop touchée pour nous cacher ses larmes. Dans les jours qui suivent, nos parents ne parlent plus ensemble que de la Hongrie, du martyre des Hongrois et de la lâcheté des pays occidentaux qui ne tentent rien pour venir à leur secours.

S'il nous fallait une preuve que nos parents ont laissé leur cœur à l'est, à nous, Eddie et moi, devenus en trois années de petits Français (presque) comme les autres, eh bien elle est là, nous la tenons. Ilona et Georges Vartan chantent et rient à l'ouest, certes, mais ils continuent de pleurer à l'est. Ils sont ici, avec nous leurs enfants, apparemment bien vivants, mais ils sont plus sourdement là-bas, *encore* là-bas.

C'est de là-bas qu'arrivent les seules nouvelles susceptibles de les atteindre, au point de les faire chanceler. Ainsi, je me souviens du télégramme en provenance de Sofia, ce petit rectangle bleu, et des mains de maman qui tremblent imperceptiblement en le déchirant.

— Oh, mon Dieu ! souffle-t-elle.

Après, je ne me souviens plus, je ne veux pas entendre. Mon grand-père, mon cher grand-père, je ne veux pas savoir.

« C'était un dimanche matin, me dira maman bien des années plus tard. Ton père était à Saint-Eustache, il chantait dans le chœur. Mme Daniel a frappé à notre porte : “Un télégramme pour vous, madame Vartan.” Nous savions qu’il devait se faire opérer, il avait demandé à venir en France pour l’intervention, mais les autorités bulgares lui avaient refusé le visa. Il a fait une hémorragie pendant l’opération ; il aurait fallu le transfuser, mais les médecins ont prétendu qu’ils n’avaient pas de sang disponible. En réalité, le sang, ils le gardaient pour les gens du Parti. Il est mort comme ça, en se vidant de son sang, un homme si fort, si merveilleux…

« J’ai dû l’annoncer à ton père quand il est rentré de la messe. J’aurais tellement voulu lui épargner cela, il avait une vie si difficile déjà… Il a pleuré, nous avons pleuré ensemble. Après, la question s’est posée de l’enterrement. Ton père tenait à y aller, mais il a pensé qu’une fois à Sofia on ne le laisserait plus repartir. Que deviendrait-on sans lui ? Alors, il a renoncé. »

Les seuls amis véritables de nos parents sont les Krauss, et voilà qu’un jour les Brink nous rejoignent à Paris. Ils ont été expulsés de Bulgarie pour « espionnage » et les Pays-Bas ont proposé à André Brink un poste de diplomate dans la capitale française. Pour logement de fonction, ils ont un hôtel particulier dans le 14e arrondissement, avec un jardin, des arbres fruitiers et une pièce d’eau remplie de poissons rouges. Autant dire le château de Versailles vu de notre petite chambre de l'*Hôtel d'Angleterre* (même si derrière la porte se cache une salle de bains).

Désormais, nous nous retrouvons presque tous les week-ends chez les Brink où nous rejoignent invariablement les Krauss. Les discussions des trois couples tournent autour des souvenirs de Sofia et des nouvelles qui en arrivent : des lettres qui ne disent rien, car la censure est impitoyable, et dont nous pouvons seulement déduire que l'expéditeur est toujours en vie et que son existence se poursuit misérablement sous la dictature radieuse du Parti communiste (toutes les lettres partant pour l'étranger sont systématiquement décachetées et lues).

C'est en me rappelant ces week-ends qu'un peu plus tard, devenue jeune fille, je prendrai la mesure de l'isolement qu'a provoqué l'exil chez nos parents – et qu'il provoque sans doute chez toute personne déracinée à l'âge adulte. Nos parents sont estimés de tous les Français de souche qui nous entourent, les Daniel, les Cousin, les commerçants du quartier, mais que peuvent comprendre tous ces gens bienveillants de ce qui les habite ? des parents, des oncles et tantes, des frères et sœurs laissés à Sofia ? des parfums de Sofia, de ses rues enneigées, de la clochette de ses tramways ? du printemps à Lakatnik et de la fraîcheur de son torrent ? Que peuvent-ils comprendre de ce que fut notre père à Sofia, au temps de l'entreprise de son père puis à l'ambassade de France ? Du merveilleux pianiste qu'il fut, du peintre, du sculpteur, eux qui le voient rentrer le matin des Halles épuisé et les yeux creusés ? Tout ce que nos parents ont perdu, tout ce qu'ils ne sont plus, il n'y a qu'avec les Brink et les Krauss qu'ils peuvent encore le partager. Il n'y a que les Brink pour se souvenir aujourd'hui qu'ils ont écouté papa jouer du Chopin, du Liszt, du Mozart. Il n'y a qu'eux pour se rappeler l'élégance et la force de maman lorsqu'il n'y avait plus rien à manger à la maison et qu'elle feignait de ne pas avoir faim pour nous laisser le peu de farine qu'elle avait pu rapporter. Il n'y a qu'eux, enfin, pour avoir été les témoins du désespoir de mes grands-parents quand on leur a pris leur maison, leur précieux jardin, pour ne leur laisser qu'une pièce.

Seuls les Brink et les Krauss savent d'où nous venons, connaissent l'étendue de ce que nous avons perdu et nos parents ne se sentent complètement eux-mêmes qu'auprès d'eux. C'est ce qui explique qu'en dépit de l'immense reconnaissance qu'ils vouaient à la France, aux quelques familles françaises qui les ont aidés, ils n'aient jamais quitté le cercle étroit des leurs – leur famille d'adoption : André et Mia Brink, Eugène et Milka Krauss que nous appelions tante Milka et oncle Boubi.

23

Lumière d'automne

Je n'oublierai jamais l'éblouissement de maman, son sourire en découvrant l'appartement où nous allons vivre désormais à Clichy-sous-Bois. Après quatre années à l'*Hôtel d'Angleterre*, papa a jugé que nous pouvions désormais acheter, sur vingt ans, et il a découvert cette cité dans nos moyens, Le Domaine de la Pelouse (une des premières cités à sortir de terre). La construction en est à peine terminée et notre appartement, un trois pièces, me semble à moi aussi être un palais. Tandis que je compte le nombre de portes, j'entends maman s'extasier sur la lumière qui pénètre dans toutes les chambres, sur l'équipement de la cuisine ou encore l'élégance du salon.

Et soudain :

— Georges, j'ai peur que nous fassions une folie.

— Je t'assure que ça va aller.

— Tout ce luxe ! On pourrait se contenter de bien moins que ça, tu ne crois pas ?

— Nous y arriverons, fais-moi confiance.

Mon père était d'un optimisme inébranlable.

C'est le plein été, nous rentrons d'une semaine de vacances à Blainville-sur-Mer avec les Krauss. À l'automne, j'entrerai en cinquième, et Eddie en terminale. C'est en songeant à lui que nos parents ont précipité les choses – Eddie qui n'a même pas une table pour travailler dans notre petite chambre d'hôtel et qui dort encore avec notre père, à dix-neuf ans.

Comble de bonheur pour maman : les Krauss, dont nous sommes décidément inséparables, ont acheté dans la même cité. Les deux femmes vont devenir comme des sœurs jumelles durant nos années à « La Pelouse » tandis qu'Eddie et moi opérerons un mouvement exactement inverse, nous ouvrant pour la première fois aux autres comme si, profitant de la multiplicité des portes et des fenêtres, nous nous mettions en position de nous envoler vers le vaste monde.

Je suis admise au lycée pilote du Raincy, et tandis que je tombe pour la première fois sous le charme d'un garçon de mon âge (mon lycée est mixte, et cela aussi c'est nouveau), je redécouvre le théâtre à travers Molière et il ne fait plus aucun doute dans mon esprit que je serai comédienne, en dépit des soupirs désespérés de maman. De son côté, Eddie, qui avait commencé à jouer du cor d'harmonie à l'*Hôtel d'Angleterre* (en mettant la sourdine), peut enfin laisser s'exprimer son émotion pour la musique. Il joue maintenant tous les soirs, se passionne pour le jazz, avant de découvrir le rock qui débarque tout juste en France.

C'est alors que papa commet une autre folie : sans en avertir personne, il achète un piano… à crédit, bien sûr.

Je me rappelle la consternation de maman en découvrant la « surprise » :

— Georges ! Nous n'avons pas de quoi nous meubler, nous n'avons ni table ni chaises, on ne sait pas où s'asseoir pour manger, et toi tu achètes un piano ! C'est de la pure folie !

En vérité, sa consternation la ravit, car le retour du piano à la maison c'est le signe qu'après tant d'années de privations, de dénuement, l'homme qu'elle aime n'a pas perdu son âme. Il va donc se remettre à jouer, à composer peut-être. Et d'ailleurs, comme pour rappeler à maman l'homme qu'il fut avant la guerre, quand ils se sont rencontrés, il fait une troisième folie.

C'est un dimanche ensoleillé d'automne à Clichy-sous-Bois. Papa a prévenu maman qu'il avait une surprise pour elle, aussi prépare-t-elle un repas bulgare, un repas de fête. Quand nous arrivons au dessert, il sort son cadeau de sous la table : un grand carré plat dans un simple papier d'emballage. Maman déchire le papier et soudain elle ne peut pas retenir son émotion.

— Oh, mon cher amour !

Papa est allé dans un studio d'enregistrement et il a fait graver pour elle un 33 tours de toutes ses œuvres interprétées par lui au piano. Elle se lève, lui aussi, et un bref instant ils se tiennent enlacés, joue contre joue, eux si pudiques. Elle rêvait d'être danseuse étoile et lui pianiste, le destin en a décidé autrement, mais ils n'ont rien oublié de ce pour quoi ils se sont choisis et continuent de s'aimer.

Clichy-sous-Bois consacre la réussite de nos parents arrivés quatre années plus tôt en France avec notre seule malle d'osier, mais pour papa c'est un surcroît de fatigue. Pour rejoindre les Halles à deux heures du matin il doit s'acheter une Mobylette et parcourir le long trajet par tous les temps, bravant le froid, la pluie, la neige. Certes, il n'a que quarante-cinq ans, mais il se bat depuis quinze ans pour notre survie, se privant de tout, et nous prendrons la mesure de son épuisement quand il tombera malade, quelques années plus tard.

Cependant, cette première année au Domaine de la Pelouse se termine joyeusement, comme elle a commencé : Eddie décroche son baccalauréat et moi je suis admise en quatrième.

« Tout le monde était au travail et chacun réussissait, résumera plus tard maman, souriant au souvenir de cette belle période. J'étais si heureuse que je passais tout mon temps libre à m'activer dans l'appartement pour qu'il soit toujours plus beau. J'étais pleine d'énergie et de courage. Ton père rentrait et il me trouvait en haut de l'échelle : "Ilona, qu'est-ce que tu fais encore perchée au plafond au lieu de te reposer ?" Mais je n'étais pas fatiguée. »

Pendant que maman arrange son intérieur, papa se remet au piano, puis plus timidement à la peinture. Il se rachète un chevalet, un peu de matériel, et le week-end il s'en va sur sa Mobylette peindre sur les bords de Seine. Il a moins de talent, il a perdu la grâce de ses jeunes années, cela nous saute aux yeux en comparant ce qu'il rapporte avec les quelques toiles que maman a pu sauver de Bulgarie, mais paradoxalement ses dernières œuvres nous demeureront les plus précieuses.

24

Eddie, l'homme-orchestre

Nos parents auraient-ils fini leur vie à Clichy-sous-Bois si Eddie n'avait pas forcé le destin ? C'est lui qui très vite s'ennuie dans cette banlieue où « il ne se passe rien » et qui commence à parler de retourner à Paris.

Il s'est inscrit à la faculté de droit pour rassurer nos parents, mais il passe ses nuits dans les clubs de jazz de Saint-Germain-des-Prés. Il a abandonné le cor d'harmonie pour la trompette et il joue désormais dans un orchestre de jazz. Pendant que nous le croyons en train d'étudier sagement en bibliothèque, il se perfectionne à la trompette jusqu'à jouer lui-même dans les clubs qu'il fréquentait quelques mois plus tôt. Dès la première année qui suit son bac, il est repéré par les hommes qui seront bientôt les maîtres à penser de la Nouvelle Vague, Daniel Filipacchi, Frank Ténot, et d'autres moins connus.

Les premières diatribes d'Eddie contre Clichy-sous-Bois « cité-dortoir » trouvent un écho plutôt favorable chez maman qui se plaint du bruit et des dégradations au Domaine de la Pelouse. Tout ce qui faisait le charme de l'endroit s'est éteint petit à petit : pelouse brûlée ou piétinée, parkings jonchés de taches d'huile, portes qui claquent et ne ferment plus, parties communes vandalisées, etc. En seulement deux petites années, l'ensemble est devenu méconnaissable. « Les Français sont trop gâtés, ils ne savent pas la chance qu'ils ont », nous répète alors maman, traumatisée à jamais par la prétendue justice stalinienne pour laquelle tout acte de vandalisme, assimilé à une activité contre-révolutionnaire, pouvait vous expédier en prison pour vingt ans.

Après trois années seulement à Clichy-sous-Bois, Eddie emporte l'adhésion de nos parents en leur proposant un appartement agréable dans le 12e arrondissement, avenue du Général-Michel-Bizot, entre la place de la Nation et le bois de Vincennes. L'un de nos voisins est comme par hasard Frank Ténot, le directeur de *Jazz Magazine* qui anime alors avec Daniel Filipacchi l'émission *Pour ceux qui aiment le jazz* sur Europe n° 1, et il n'est pas difficile de deviner que derrière notre retour à Paris se trouvent les deux nouveaux papes de la jeune génération. D'ailleurs, tandis que l'été 1959 se profile, Eddie entre à Europe n° 1 comme assistant programmateur, aux côtés de Ténot et de Filipacchi. Quelques semaines plus tard, il sera embauché chez Decca, la célèbre maison de disques, dont il deviendra rapidement le directeur artistique.

Que savent nos parents de la fulgurante ascension d'Eddie ? Pas grand-chose. De son adolescence douloureuse, non vécue, Eddie a conservé un fond de mélancolie et l'habitude du silence. De la même façon que jamais il ne s'est plaint, il ne lui viendrait pas à l'esprit de se vanter. Pendant qu'on le croit encore en licence de droit, il est déjà engagé dans une vie professionnelle qui le passionne et il commence à très bien gagner sa vie.

Et moi dans tout ça ? Eh bien, durant cet été 1959, je prépare plus banalement mon entrée en classe de seconde au lycée Hélène-Boucher dont le règlement stipule que chaque élève devra porter une blouse beige – autant dire que je ne m'attends pas à m'amuser tous les jours.

Et c'est bien ce qui arrive : pendant que toute la famille semble enfin découvrir le bonheur et la joie de vivre, pour ne pas dire la paresse, il n'y a que moi qui aie le sentiment de régresser derrière les murs lugubres de mon lycée où l'on ignore encore la mixité, le rouge à lèvres, les couleurs d'une façon générale, et où l'on semble vouloir s'accrocher aux principes éducatifs et disciplinaires d'avant-guerre. Papa ne travaille plus la nuit, il a revendu sa Mobylette, et il peut enfin profiter des soirées pour jouer du piano. Maman, qui jusqu'à présent ne s'autorisait que peu de plaisirs personnels, ose le week-end écouter Montand, Édith Piaf, Aznavour, qu'elle préfère aux trompettistes illuminés d'Eddie. Eddie qui m'associe gentiment à sa nouvelle vie et m'emmène à l'Olympia quand il le peut. Cet hiver 1960, il me semble que je découvre sur scène Ella Fitzgerald, Duke Ellington et les Jazz Messengers. À la maison, Eddie me fait écouter les premiers disques de Ray Charles, et surtout Brenda Lee, qui est à peine plus âgée que moi et connaît déjà le succès aux États-Unis avec *Just a little*, une chanson que je reprendrai plus tard sous le titre *Je suis libre.*

Le cœur toujours à l'est, nos parents se sont réjouis du retour aux affaires du général de Gaulle. L'homme a la réputation de tenir tête aux communistes, or la seule véritable crainte l'Ilona et Georges Vartan, désormais, c'est que la France tombe sous le joug de Moscou. Maman a connu la cruauté des Soviétiques en Hongrie à l'âge de cinq ans, puis trente ans plus tard en Bulgarie où toute notre famille est encore retenue prisonnière, puis de nouveau en Hongrie en 1956, cette fois en écoutant à la radio le fracas des chars russes dans les rues de Budapest – elle ne peut plus entendre prononcer le mot « communiste » sans trembler.

« Qui sont donc ces gens, se demande-t-elle souvent, qui prétendent faire notre bonheur en nous martyrisant ? » Quand, au début des années 1980, elle comprendra que François Mitterrand s'apprête à gouverner avec les communistes, elle envisagera pour la première fois de quitter définitivement la France pour fuir toujours plus à l'ouest.

Décidément homme-orchestre de notre nouvelle vie, Eddie va bouleverser la mienne, et de ce fait le destin de nos parents, en surgissant un après-midi devant le lycée Hélène-Boucher. Je suis alors en classe de première, bien décidée à obtenir mon bac pour entrer ensuite dans une école de théâtre. En me suppliant de sécher deux heures de cours, Eddie n'a sûrement pas conscience du séisme qu'il va engendrer, et cependant c'est bien ce jour-là que tout a basculé.

— Sylvie, il faut que tu me dépannes !

Eddie en costume sombre, bondissant de sa voiture et m'attrapant sur le trottoir par le coude.

Daniel Filipacchi a rapporté des États-Unis un tube, *Out of gas*, qu'ils ont adapté ensemble et ont proposé au chanteur français Frankie Jordan, qui est un ami d'Eddie, sous le titre *Panne d'essence*. Frankie a bien enregistré sa partie mais la chanteuse anglaise, qui devait lui donner la réplique, vient de se désister. Et c'est à moi qu'ils ont pensé pour la remplacer. Il suffit de faire « lalalalala », m'explique Eddie en chemin.

Le studio d'enregistrement est en réalité le salon d'un appartement privé de la rue Beaujon, près de l'Étoile, au milieu duquel on a installé un micro. Daniel Filipacchi et deux techniciens nous y attendent. Filipacchi est charmant, très calme, il suppose sans doute que je suis tremblante parce qu'il s'efforce de me rassurer, ce qui me fait sourire.

En quelques prises ma petite partition est en boîte et les quatre bonshommes semblent satisfaits. Comme il est trop tard pour retourner à Hélène-Boucher, je fais promettre à Eddie qu'il expliquera à maman pour mon absence et je rentre à la maison.

25

« C'est ma fille, ma petite fleur, et on la jette en pâture à ces bêtes sauvages »

Panne d'essence sort au début de l'été 1961 alors que je suis vendeuse chez Sinfonia, le plus gros disquaire des Champs-Élysées. Maman a bien voulu que je travaille et c'est encore Eddie qui m'a déniché ce petit boulot pour tout le mois de juillet. Je suis donc aux premières loges pour assister au fulgurant succès de Frankie Jordan dont le disque entre en quelques jours seulement au « top ten » des meilleures ventes. Je n'ai aucun scrupule à en vendre des centaines chaque jour puisque ma photo ne figure pas sur la pochette et que mon nom n'y apparaît qu'en tout petit – et de surcroît à la verticale – dans le « O » de Jordan. Qui irait chercher une loupe pour déchiffrer en travers d'un « FRANKIE JORDAN » en lettres capitales énormes, noires sur fond rouge, le minuscule « Et Sylvie Vartan » en caractères blancs ?

Personne ! D'ailleurs, à la rentrée scolaire (me voilà enfin en terminale), et alors qu'une fille sur deux fredonne *Panne d'essence*, tube de l'été, aucune n'a remarqué mon nom sur la pochette et je me garde bien de m'en vanter.

Mais Daniel Filipacchi ne compte pas en rester là. C'est lui qui me relance, alors que le train-train du lycée a repris :

— Pourquoi tu ne ferais pas un disque toute seule cette fois ?

— Parce que j'ai choisi de devenir comédienne, pas chanteuse.

Je l'entends rire à l'autre bout de la ligne.

— Mais ça ne t'empêchera pas d'être comédienne ! Et ça pourrait même te permettre de gagner un peu d'argent. Enfin, réfléchis et rappelle-moi. D'accord ?

C'est exactement le même argument qu'emploie Eddie pour convaincre maman. Elle rapporte leur dialogue dans l'un de ses carnets : « Eddie, c'est une année importante pour ta sœur, ne la distrais pas de ses études, je t'en supplie, il lui faut à tout prix son bac. – J'entends bien, maman, mais ça va lui prendre un après-midi à tout casser, elle va gagner un peu d'argent et après ça elle n'y pensera plus. »

Maman finit par céder et j'enregistre mon premier disque : *Quand le film est triste* et *Tout au long du calendrier*, deux chansons venues des États-Unis.

Dès sa sortie, au début du mois de décembre, mon premier 45 tours s'envole.

Ce même mois de décembre, sans avoir bien conscience de ce que je fais, j'accepte d'accompagner Frankie Jordan à la télévision pour interpréter en direct *Panne d'essence*. À ce moment-là, je n'imagine pas une seconde que nous allons chanter devant cinq millions de téléspectateurs.

Autant dire que cette première émission fait à peu près l'effet d'une bombe atomique dans ma petite vie de lycéenne. Du jour au lendemain, professeurs, élèves et parents d'élèves font le lien entre moi et les deux 45 tours qu'ils entendent en boucle sur les radios. On n'ose plus m'approcher, on commence à me regarder comme une extraterrestre et quand, le 20 décembre, portée par le succès de *Quand le film est triste*, je me retrouve de nouveau à la télévision, je soulève cette fois une émeute devant Hélène-Boucher. Photographes et journalistes m'attendent à la sortie des cours, les élèves s'agglutinent autour de nous, les parents perdent patience et les professeurs commencent à s'affoler.

J'ai le sentiment de ne plus rien contrôler, d'être embarquée sur un ovni sans pilote, et avec le recul je pense qu'Eddie, qui s'était engagé auprès de maman à ce que tout cela ne dépasse pas le temps d'un après-midi, ne contrôle plus rien non plus.

Quand il est annoncé à la radio et dans les journaux que je serai à l'Olympia du 26 décembre au 16 janvier 1962 – mais qui en a pris la décision ? –, ma situation au lycée devient intenable et ce que redoutait maman est bel et bien en train de se produire. Comment imaginer que je puisse continuer d'aller sagement en cours quand les journalistes campent sur le trottoir ? quand ils m'ont déjà consacrée « la nouvelle collégienne de la chanson », et bientôt « du twist » ? « Elle a dix-sept ans, des yeux futés, des cheveux blonds coupés très court, écrit le quotidien *La Presse*, et elle chante le rock avec beaucoup de distinction. Elle ne se roule pas par terre, ne pique pas de crises épileptiques, et déclenche quand même les manifestations d'enthousiasme de ses "fans", de jour en jour plus nombreux. »

Dans toute cette folie je ne vois plus maman, mais aujourd'hui je peux me figurer sa consternation. Elle place très haut les études, elle croit au courage, au mérite, au travail bien fait, papa et elle luttent depuis vingt ans pour nous offrir la possibilité d'accéder à l'université, et voilà qu'avec seulement trois ou quatre petites chansons je semble pulvériser ses valeurs et me retrouve sur le devant de la scène. Quel est donc ce monde, doit-elle se demander, qui célèbre une gamine quand tant de grands intellectuels sont laissés dans l'ombre ?

C'est ce désarroi qu'elle exprimera des années plus tard, devant ma petite caméra, se remémorant mon apparition sur scène :

« La première fois que je t'ai vue chanter à l'Olympia, dans ta petite robe blanche, j'ai pleuré. Tout le temps où tu as chanté, j'ai pleuré. Je ne voulais pas de ça ! Absolument pas ! Je te voyais dans une ambassade, interprète ou diplomate… Mais pas chanteuse. Ah non ! Pas chanteuse ! J'étais si malheureuse, mon Dieu ! Et tous ces gens qui hurlaient : “Sylvie ! Sylvie !” Je pensais en moi-même : “C'est ma fille, c'est ma petite fleur, ma joie de vivre, et on la jette en pâture à ces bêtes sauvages…” Ça me faisait tellement de peine. Je te sentais en danger, tu étais si jeune, si innocente ! »

Je n'ai pas fini l'Olympia qu'on évoque déjà l'enregistrement d'un nouveau disque et le débat se dramatise à la maison. Eddie doit convenir que nous sommes tous victimes de mon succès et qu'il est de plus en plus improbable que je puisse retourner au lycée. D'ailleurs, là-bas, les professeurs ne sont pas pressés de me revoir. Alors abandonner le bac ? Maman en reste muette de chagrin, profondément blessée. Quant à papa, il essaie de comprendre, en dépit de sa déception, et je me souviens de ses mots :

— Ilona, je voulais devenir pianiste et on m'en a empêché. Toute ma vie je l'ai regretté, tu le sais. Alors essayons de ne pas recommencer la même bêtise avec Sylvie. Elle est heureuse de ce qu'elle découvre, de ce qui s'annonce pour elle, aidons-la à réaliser ce rêve plutôt que de la pousser vers le métier de nos rêves.

Maman acquiesce. Elle se souvient sans doute qu'elle aussi, danseuse étoile, n'est-ce pas ?... Alors elle évite de me redire qu'artiste « ce n'est pas un métier », même si elle le pense.

— Eh bien, d'accord, lâche-t-elle à la fin en se tournant vers Eddie, mais à condition que tu veilles sur ta sœur.

26

Moi, porte-flambeau de la rébellion ?

À partir du jour où je quitte le lycée, les semaines défilent si vite que je ne vois plus mes parents bien que vivant toujours chez eux. J'enregistre de nouvelles chansons, puis durant tout l'été 1962 je suis en tournée avec Gilbert Bécaud. Quand je ne suis pas sur les routes ou sur scène, je suis à la télévision, à la radio, dans l'émission de Daniel Filipacchi *Salut les copains*, ou dans les pages du mensuel du même nom qu'il vient de créer. Un certain Johnny Hallyday fait la couverture du premier numéro, et quand on lui demande en pages intérieures de citer ses neuf disques préférés, il me place dans la sélection. « Voilà une chouette fille ! s'écrie-t-il. Jolie voix, joli sourire, et elle connaît déjà son métier. Comme si elle n'avait jamais fait que ça. »

Au début de l'année 1963, me revoilà à l'Olympia pour un spectacle dont le titre dit à lui tout seul dans quel tourbillon je me trouve embarquée :

« Les idoles des jeunes ». Je partage l'affiche avec Claude François, Little Eva, Colette Magny, Pierre Vassiliu et les Tornados. Les journaux se passionnent et se déchirent autour de la jeune génération, on l'oppose à celle de nos parents et l'on fait donc de moi l'un des porte-flambeaux de cette drôle de révolution. Mais comment est-ce possible ? Existe-t-il à Paris une seule jeune fille de dix-huit ans qui soit plus aimante et respectueuse de ses parents que je ne le suis ? Les commentateurs et les journalistes savent-ils que tout l'argent que m'a rapporté *Panne d'essence* je l'ai consacré à gâter maman, à lui offrir en particulier la veste en daim dont elle rêvait ? Le malentendu me semble abyssal. Non, venant d'où je viens, je ne suis pas en rébellion contre mes parents. Ni contre eux ni contre les valeurs qu'ils portent. J'aimerais au contraire avoir la force de marcher sur leurs traces. Ils sont mes modèles, mes héros. Mais qui sait seulement d'où nous venons ? Personne. On me prend sans doute pour une enfant gâtée, née et élevée dans le coton de l'après-guerre. Qui pourrait imaginer qu'il y a seulement dix ans nous débarquions gare de Lyon sans un sou et ne parlant pas un mot de français, à part mon père, fuyant la misère et les camps de Staline ? Qui pourrait imaginer qu'il y a seulement cinq ans nous partagions encore une petite chambre d'hôtel à quatre ?

Au mois de mars 1963, quand je fais pour la première fois la couverture de *Salut les copains*, je tiens donc des propos très éloignés de ceux qu'on attend de « l'idole des jeunes » que je suis censée incarner.

« Je m'ennuie de mes parents, confiais-je à Raymond Mouly qui semble sidéré, des gens que j'aime, et je me dis que je ne vais pas vivre jusqu'à cinquante ans sans une affection solide, durable, que la vie d'artiste risque de me refuser toujours. Alors, à la fin, j'ai le cafard. Si je ne pouvais pas concilier les deux vies, j'opterais pour la vie privée, pour le mariage. »

C'est dire si maman et moi demeurons proches en dépit de la tempête médiatique que mon apparition provoque partout – quand *Le Monde* évoque « une lame de fond » à propos de mon passage à l'Olympia, *L'Écho de la Bourse*, qui m'a vue chanter en Belgique, se dit « gêné et inquiet de constater dans quel état d'abrutissement se vautre aujourd'hui une certaine jeunesse ». Maman est certes également consternée de me voir livrée à ces salles en délire, catastrophée par les unes des journaux, mais elle sait que je n'ai pas changé, que je reste son enfant, que chaque mot prononcé par elle compte plus pour moi que tous les gros titres des journaux réunis. Mes parents sont d'ailleurs les premières personnes auxquelles je présente Johnny.

Maman...

Nous nous sommes rencontrés grâce à Daniel Filipacchi, et très vite je souhaite que mes parents le rencontrent.

Ni l'un ni l'autre n'est enthousiasmé par notre histoire, mais dès le premier dîner à la maison, maman change d'opinion sur Johnny : « Tu m'avais dit de faire un plat spécial pour lui, quelque chose de typique, écrit-elle dans son journal, et j'avais préparé une moussaka. Je me demandais sur qui j'allais tomber – les journaux racontaient tellement d'histoires extravagantes. Et je vois arriver un grand jeune homme parfaitement habillé, très beau, et qui ne paraissait pas savoir où se mettre.

« Nous passons à table, et là je m'aperçois qu'il ne touchait pas son assiette, comme s'il était paralysé. "Goûtez un petit peu, je lui dis, et si vous n'aimez pas, ça n'a pas d'importance."

« Alors il me regarde et, tout d'un coup, ses yeux bleus si lumineux s'embuent.

« Oh, mon Dieu ! Quelle gaffe est-ce que j'avais faite ? J'ai dû bafouiller, j'étais désolée, mais à partir de ce moment-là j'ai été conquise. »

27

Loconville, ou la réparation

On me dit que je gagne beaucoup d'argent, on prétend que mon premier 33 tours se serait vendu à plus de un million d'exemplaires, je ne sais pas, tout cela est arrivé beaucoup trop vite, je ne tiens pas de comptabilité, j'ai déjà à peine le temps de dormir, la seule chose que je voie c'est qu'il m'arrive parfois de gagner en une seule soirée plus que mon père et ma mère réunis en un long mois de travail à la triperie Cousin et je trouve cela tout simplement impossible, insupportable. Alors au milieu de l'année 1963, avant même de fêter mes dix-neuf ans, je réalise mon vœu de petite fille : j'achète un « château » à mes parents.

Ce sont Eddie et papa qui découvrent Loconville. Je leur ai demandé de nous chercher une maison et ils me présentent un matin la photo d'une demeure du XIXe siècle qui aussitôt me plaît. Ses seize belles fenêtres en façade, son large perron, son toit d'ardoise. On l'appelle « le manoir de Gagny », sur la commune de Loconville, en Picardie.

— Mais c'est un château ! s'exclame maman. Georges, tu es complètement fou, tu ne vas pas acheter ça voyons !

— Et pourquoi pas, avec un crédit, bien sûr ?

— Et si on ne peut pas rembourser ? Si la banque nous fait expulser…

Maman qui déjà pensait que le Domaine de la Pelouse était bien trop beau pour nous. Maman qui n'a jamais supporté d'avoir un franc de dette.

Le lendemain, nous partons en famille visiter Loconville. C'est une belle journée de printemps, le soleil baigne la maison, il entre par toutes les fenêtres, j'aime comme on circule agréablement entre les chambres, comme on se retrouve naturellement à bavarder dans les grandes pièces du bas et j'imagine aussitôt des rires d'enfants, de grandes tablées devant la cheminée les soirs d'hiver, le piano de mon père dans ce petit salon-ci et puis maman en train de lire, ou de tricoter, par là-bas, tiens, dans cette jolie flaque de lumière. Maman qui ne dit rien, qui semble ne pas en croire ses yeux, quand moi je suis déjà très loin, dans la maison de mon grand-père à Sofia en train de songer que nous allons la reconstruire ici, que cette maison est un don du Ciel, qu'elle a le pouvoir de combler tous nos rêves et peut-être même celui de réparer nos chagrins.

Puis la personne de l'agence nous propose d'aller faire quelques pas dans le parc et le bois qui entourent la maison et nous la suivons tous les quatre religieusement. Je note que papa semble enthousiasmé, Eddie mélancolique ou incrédule, comme à son habitude, et maman terriblement soucieuse. Nous marchons silencieusement sous les grands pins, dans l'allée sablonneuse, et voilà soudain que la Vierge Marie nous apparaît au croisement de deux chemins, sous un arbre majestueux, bien à l'abri dans un petit oratoire que protège une grille. Maman en demeure interdite, éblouie, comme transportée.

— Oh, mon Dieu !

La Vierge opère sur son visage ce qu'aucun de nous n'aurait pu obtenir. Elle se détend, elle lui parle sans doute secrètement. La Vierge qui m'a sauvée de la scarlatine, n'est-ce pas, sans laquelle nous ne serions pas là aujourd'hui, en famille et heureux. Je devine tout ce que maman peut penser. Si la Grande Dame est là, ce n'est pas un hasard, c'est un signe : cette maison est pour nous et Elle veillera à ce que nous puissions la garder.

Maman n'est plus la même au retour vers Paris. C'est d'accord, elle veut bien nous suivre dans cette folie, et comme nous sommes toutes les deux assises à l'arrière de la voiture, je peux lui glisser à l'oreille :

— Tu te souviens, je t'avais bien dit que je t'achèterais un château. Et toi tu ne m'avais pas crue.

— Oh, ma petite cherrrie !

Dans la foulée, je réalise mon autre rêve : Eddie et moi prenons en charge nos parents pour qu'ils puissent enfin cesser de travailler. En tout juste dix années depuis leur embauche chez les Cousin – c'était au début de l'année 1953 –, j'ai vu les cheveux de mon père blanchir et son beau visage se creuser au fil des nuits blanches et des hivers. À peine étions-nous arrivés à Clichy-sous-Bois qu'on lui a trouvé une maladie des articulations qui commence maintenant à le faire beaucoup souffrir. C'est une douleur sans fond de le voir lutter silencieusement, avaler discrètement ses médicaments tout en sachant que la médecine est impuissante, qu'elle peut le soulager mais malheureusement pas le guérir. Comme toujours chez nous, Eddie, maman et moi évitons de partager ce que nous ressentons pour ne pas réveiller chez l'autre la peine que l'on devine. Quant à maman, elle est à la veille de ses cinquante ans et je trouve qu'après le combat quotidien qu'a été sa vie il est grand temps qu'elle pense à elle et se repose.

Il me faut l'aide d'Eddie pour les convaincre l'un et l'autre de faire leurs adieux aux Cousin et, chance imprévue, l'acquisition de Loconville joue en notre faveur : la nouvelle maison a besoin de travaux et qui surveillera le chantier s'ils ne se décident pas à emménager rapidement ?

Pendant que je suis de nouveau sur la scène de l'Olympia – mais cette fois pour partager l'affiche avec deux monstres sacrés, Trini Lopez d'un côté, les Beatles de l'autre – puis en tournée mondiale – Istanbul, Lisbonne, New York, Los Angeles, Montréal, Tokyo, Rio, Buenos Aires, etc. –, mon père et ma mère prennent tranquillement leurs marques à Loconville. Nous nous téléphonons presque tous les jours, et quand le décalage horaire rend la chose impossible nous nous écrivons. J'adore les lettres de maman, pleines de détails au travers desquels je les découvre pour la première fois apaisés et prenant le temps de goûter chaque instant. Mon père s'est attelé à la restauration des grands miroirs qui ornent chaque pièce au-dessus des cheminées. Il passe une grande partie de ses journées perché sur un escabeau. Maman, quant à elle, s'est attaquée au jardin, elle taille les rosiers, rabat les haies, arrache les mauvaises herbes, arrose les massifs de fleurs. Ils se retrouvent pour le thé dans la grande cuisine et mon père se livre alors à son occupation du soir : découper et classer tous les articles qui parlent de moi, et il y en a tous les jours. Tandis que maman continue de se faire du souci pour ma santé physique et morale face à ces foules en délire, et préfère ignorer ce que racontent les journalistes, papa ne cache pas sa fierté devant mon succès grandissant.

À cinquante ans passés, ils ont enfin du temps l'un pour l'autre. Leurs plus belles années sont derrière eux, ruinées par la guerre, puis par la terreur du communisme, puis par l'extrême pauvreté de nos débuts en France, mais maman me dira souvent par la suite combien ces belles journées à Loconville, dans le silence et leur amour intact, ont été réconfortantes et lui ont permis de mieux supporter le déclin annoncé de papa.

Ce que j'avais espéré de toutes mes forces se réalise sous nos yeux : Loconville devient petit à petit la maison familiale. Après dix ans d'errance, et sans qu'il soit besoin de l'exprimer, nous faisons en sorte que Loconville prenne la suite de la maison de mon grand-père à jamais perdue. Et d'ailleurs, n'est-ce pas un autre signe – maman dirait une bénédiction de la Vierge –, cette lettre en provenance de Sofia qui leur arrive un matin : ma grand-mère Slavka, la mère de papa, a enfin obtenu son visa de sortie.

Veuve depuis plusieurs années, recluse dans une chambre de sa propre maison désormais partagée entre plusieurs familles, Slavka Vartan est enfin libre d'aller retrouver les siens. Elle nous rejoint au début de l'année 1965, alors que la maison est prête à l'accueillir et après être restée douze années sans pouvoir embrasser son fils.

28

Dans la plus stricte intimité

Je me marie le 12 avril 1965 à Loconville. Sur la photo prise sur le perron, au retour de la messe, maman est radieuse dans la robe rose que nous avons choisie ensemble. Eddie sourit mais paraît ailleurs, caché sous d'énormes lunettes de soleil. Et moi je suis heureuse, un bras sous celui de mon mari, figée telles ces figurines que l'on pique au sommet des pièces montées, l'autre sous celui de papa qui semble terriblement vieilli, un masque de douleur sur le visage et, dans sa main droite, la canne dont il ne peut plus se passer. Seule manque ma chère grand-mère, demeurée en retrait mais qui était bien là, arrivée juste à temps de Sofia pour donner à l'événement ce supplément d'âme.

Ce qui me frappe, avec le recul, c'est la force inouïe de notre lien familial. Comme si l'acharnement qu'avaient mis les guerres et le communisme à nous briser, à nous séparer, avait abouti à l'effet contraire : papa et maman sont toujours là, pleins d'attention l'un pour l'autre, toujours debout en dépit des épreuves, de la fatigue et de la maladie, et prêts à transmettre le flambeau à la nouvelle génération qui va naître de nos unions. Celle que nous venons de célébrer, Johnny et moi, et bientôt celle qu'Eddie célébrera avec la jeune femme qu'il a rencontrée quelques mois plus tôt, Doris, une Américaine d'origine polonaise (décidément, nous avons la veine cosmopolite).

Notre lien familial qui n'a rien cédé non plus à la pression médiatique et au tapage monumental fait autour de notre mariage. Car cette photo que j'aime tant, si émouvante et forte, si révélatrice de ce qui nous unit, il faut imaginer que nous l'avons faite en marge d'une véritable émeute que rien ne laisse deviner sur l'image.

Jusqu'à la veille de la cérémonie, nous avions cru pouvoir garder le secret. Ce serait un mariage dans la maison familiale, avec nos plus proches, dans la plus stricte intimité, comme on dit. Maman qui craint les journaux comme la peste, et que les photographes terrorisent, se réjouissait de cette simplicité sauvegardée.

Or, la veille de l'événement, le secret est éventé. En fait de cérémonie strictement familiale dans le petit village de Loconville, toute la presse est là, sans compter les centaines de curieux.

Durant toute la cérémonie, j'ai eu très peur pour les miens. Où est maman ? Pourvu qu'elle ne soit pas prise dans cette foule. Papa est-il bien à l'abri ? Et ma grand-mère ? Qui prend soin de ma grand-mère ? Que doit-elle penser de cette folie, la pauvre, arrivant tout juste de la glaçante Bulgarie ?

Mais tout le monde est sain et sauf, tranquillement assis devant le chœur, et c'est le père Zupan, le prêtre qui m'a baptisée vingt ans plus tôt, venu tout exprès de Sofia à la demande de maman, qui nous marie. À ce moment-là, en dépit de la rumeur qui monte du dehors, il me semble que nous sommes indestructibles, que rien ni personne ne parviendra jamais à entamer le lien qui nous unit.

À la fin de l'année 1965 je suis enceinte, et nous passons à Loconville, en famille, notre premier Noël de jeunes mariés. Je ne touche plus terre, et maman non plus. Noël dont elle a toujours su faire une fête – y compris lors de notre arrivée à Paris – la comble cette année-là avec la promesse de cet enfant et l'arrivée de sa « petite belle-mère » qui l'a aimée dès le premier regard, trente ans plus tôt. Le sapin est immense, la cuisine pleine de victuailles, maman lumineuse.

Tandis que je me remémore la douceur de ce Noël où tout semble nous sourire, je retrouve cette carte que maman m'adresse à Tokyo, quelques semaines avant Noël 1976, alors que David a dix ans et que mon père, ainsi que ma grand-mère Slavka, nous ont quittés pour toujours :

« Ma petite fille chérie, nous étions contents d'avoir pu parler un peu avec toi au téléphone. Maintenant ça va mieux, mon petit David est réconforté. Et puis chaque jour nous rapproche du moment où tu seras de nouveau avec nous. Ici, les gens se préparent avec frénésie pour les fêtes de Noël. C'est curieux, je ne réalise pas que dans deux mois c'est Noël. Pourtant, c'est une belle fête de famille et d'amour, mais ma petite famille à moi, qu'est-ce qu'elle est devenue ? Je me rappelle nos premiers Noëls en France, si pauvres, mais ô combien riches en amour et gaieté. Si j'étais magicienne, j'en ferais des choses ! »

Mon ventre s'arrondit. Je rêvais d'une famille comme la nôtre et je découvre un homme bien différent du père que j'avais imaginé pour notre enfant.

Les dernières semaines, je les passe à Loconville. Je me sens plus forte entourée des miens que dans notre appartement parisien. Ma mère, mon père, ma grand-mère me manifestent discrètement leur affection sans jamais porter de jugement.

Moi aussi, si j'étais magicienne, je sais bien ce que je ferais : je remonterais le temps jusqu'à ce Noël 1965 où nous étions encore tous vivants et heureux. Et d'une certaine façon, c'est peut-être ce que je tente de faire avec ce livre.

29

Un soleil dans un ciel d'orage

David vient au monde le soir du 14 août 1966. Un peu plus et nous naissions le même jour ! Il est le petit garçon blond aux yeux bleus dont j'avais rêvé. Une merveille, un soleil, mais un soleil dans un ciel d'orage. Son père n'est pas là pour sa naissance et quand il passe embrasser son fils, le lendemain, c'est en coup de vent, avant de repartir pour Milan où il chante le soir même.

Les premières semaines, nous les passons à Loconville. Comme à son habitude, maman est à la fois infiniment présente et pleine de tact. Quant à moi, je suis tout entière absorbée par la découverte de mon enfant et c'est avec sa grand-mère que je partage ces premiers moments bouleversants. Il m'arrive aussi, en me réveillant d'une courte sieste, de découvrir mon père penché sur le berceau de son petit-fils, ému et silencieux.

Si petit qu'il soit, David enchante toute la maison. Nous ne parlons plus que de lui, le matin au réveil, à tous les repas, quand nous sortons faire quelques pas dehors pour profiter de l'été, et si j'entre par hasard dans la cuisine et surprends mes parents et ma grand-mère Slavka en train de bavarder, c'est encore à propos de lui qu'ils rient et se complimentent.

En septembre, j'envisage de divorcer. Notre couple ne tient pas, nos chemins se sont éloignés, mais David a sûrement besoin de son père et c'est pourquoi maman me demande de prendre le temps de la réflexion. Rien de ce qu'elle me dit ne me laisse indifférente, elle continue d'incarner pour moi l'intelligence, le courage, l'élégance. Et je me range à son avis en espérant qu'avec le temps l'amour l'emportera sur la colère et la déception.

Puis de nouveau le tourbillon m'emporte – à la sortie de l'hiver 1967 je reviens à l'Olympia pour un mois avant de partir en tournée – et maman devient naturellement la « Néné » de David. La maison de famille trouve tout son sens puisqu'elle héberge désormais sous le même toit quatre générations : David, moi lorsque je suis de passage, les grands-parents de David et son arrière-grand-mère, Slavka. Maman est la seule personne au monde à laquelle je peux accepter de confier mon fils. Bien qu'en adoration devant David, elle ne cédera jamais sur les principes éducatifs auxquels elle croit – l'honnêteté, le respect, le travail, la rigueur – et elle ne se comportera jamais comme ces grands-mères gâteaux qui passent tout à leurs petits-enfants pour s'en faire aimer.

Au mois d'avril 1968, alors que je rentre d'une tournée épuisante en Amérique latine, je passe à deux doigts de la mort, et j'allais écrire : David aussi. L'une de mes grandes amies, Mercedes, a dormi à la maison cette nuit-là, nous venons de prendre le petit déjeuner avec David et maman et nous apprêtons à partir pour Paris en voiture. Allons-nous emmener David ou le laisser à maman ? Mercedes, qui est sa marraine, a bien envie qu'on le prenne avec nous. Il a vingt mois, il marche, commence à parler. Je suis tentée de dire « oui », et puis je ne sais pas ce qui me retient : « Non, mon amour, je préfère que tu restes tranquillement avec Néné. »

Un quart d'heure plus tard, une voiture qui arrive d'en face franchit la ligne jaune et nous percute de plein fouet. Mercedes meurt dans l'ambulance une heure plus tard et moi je m'en sors avec un bras cassé, un traumatisme crânien et ce deuil insurmontable. Je m'en veux d'avoir entraîné Mercedes dans la folie de mon existence, de n'avoir pas su éviter le chauffard, et sans doute, plus secrètement, d'avoir survécu. Et si David avait été dans la voiture ? La question me tourmentera des nuits durant.

Une nouvelle fois, je me réfugie à Loconville, entre mes parents qui tentent délicatement de me réconforter et mon David qui me tend sa petite main pour m'entraîner dans le parc et me voir sourire. Le mois de mai 1968 est là, celui des étudiants qui occupent la Sorbonne et dépavent les rues du Quartier latin pour en finir avec la France vieillissante du général de Gaulle, mais moi je n'y suis pas et c'est aussi bien, car j'ai pour cette France-là, qui nous a fait une place, un immense respect et plus que de la tendresse.

On dirait bien cependant que la mort me tourne autour puisque, quelques mois après ce drame, Johnny rate un virage entre Mulhouse et Belfort et nous précipite dans le fossé à pleine vitesse. Je dormais, ma tête vient exploser le pare-brise, et quand je rouvre les yeux je ne vois plus rien. J'ai le visage en sang, je suis hébétée, mais vivante. Johnny, lui, s'en sort avec une fracture du nez.

Une gueule cassée, voilà l'image que me renvoie le miroir du cabinet de toilette de la clinique où l'on m'a recousue. Le front, le coin de l'œil, les lèvres, le menton… je cherche en vain un petit endroit intact. Pauvre maman, si soucieuse de moi et à laquelle je crains toujours d'annoncer le moindre petit mal. Comment va-t-elle supporter cette épreuve ? En tout cas, la course folle est momentanément interrompue et mon visage raccommodé me force à revenir à l'essentiel : mon David dans sa quatrième année qui me réclame de plus en plus, mon père dont les forces déclinent, et maman sur tous les fronts qui jamais ne se plaint.

On me conseille un chirurgien américain et, au mois de mars 1970, je m'envole pour New York. Il est entendu qu'aux premiers jours du printemps David et maman m'y rejoindront.

30

« Georges, tu ne veux pas nous jouer un peu de piano, comme au bon vieux temps ? »

Ils arrivent à New York par le premier 747 mis en circulation entre les deux continents, celui de la Pan Am, David tenant son énorme Mickey d'un côté et sa « Néné » de l'autre. C'est la première fois que maman vient en Amérique. Nous nous installons tous les trois à l'hôtel *Regency*, tout près de Central Park.

Aujourd'hui, je garde un souvenir très doux, très précieux, de ce long séjour à New York entre ma mère et mon fils où le temps nous semble comme suspendu. Elle a choisi de laisser papa seul à Loconville pour être avec moi après l'intervention chirurgicale, tout en sachant que lui n'en a plus pour très longtemps. Jamais elle ne m'a autant parlé de son « cher amour », son bonheur de le voir bricoler dans cette maison, jouer du piano, lire, et puis marcher à son bras dans le parc qu'ils aiment tant tous les deux, jusqu'à la Sainte Vierge, et retour. Et aussi l'achat de sa petite voiture pour handicapé, une Daf, qu'il peut conduire sans les jambes. Sa joie, le jour où cette auto lui est livrée ! Retrouver son autonomie, n'est-ce pas ? Du jour au lendemain, maman le voit s'en aller tout seul à Gisors, à Chaumont-en-Vexin, heureux comme un enfant. Elle rit, elle me raconte un homme que je n'ai pas connu, enfin allégé du souci des siens et s'autorisant à profiter de chaque instant. Je la devine parfois au bord des larmes, mais nous savons l'une et l'autre et la conversation part sur autre chose.

Elle l'appelle tous les jours. Elle s'inquiète et je l'entends, lui, la rassurer, passant de temps en temps par le bulgare pour lui dire un mot tendre. « Ilouchka, ma chérie, ne te fais pas de souci. Hier Eddie est venu déjeuner et nous avons passé l'après-midi ensemble. Je ne suis jamais vraiment seul, les gardiens sont là, tu sais bien. Et puis demain les Brink viennent dîner. Oh oui, avec ma petite Daf, jusqu'à Gisors, le boucher m'aura tout préparé. Tu vois, je m'en sors très bien. »

Toutes les deux rassurées, nous passons nos après-midi à Central Park avec David. Le printemps est là, la température est délicieuse et nous pouvons nous promener librement, loin des journalistes et des paparazzi. Le soir, une jeune femme garde David et j'emmène maman au spectacle, au théâtre ou à l'opéra voir un ballet. Je la gâte, je suis si contente de la voir heureuse, éblouie. Elle voulait être danseuse et ce n'est qu'aujourd'hui qu'elle peut enfin entrer dans un théâtre.

Nous sommes rentrés en France depuis quelques jours et je suis en pleine répétition pour mon prochain Olympia quand maman me fait demander au téléphone.

— Ton père vient d'être hospitalisé, ma petite chérie, mais ne t'inquiète pas surtout, il n'y a rien d'alarmant.

— Oh ! Comment est-ce arrivé ?

Maman évoque un malaise cardiaque. Je propose d'aller le voir aussitôt, mais elle m'en dissuade.

— Je sors de l'hôpital, je t'assure qu'il est aussi bien qu'il peut l'être. Je suis confiante, ne change rien à tes plans.

Je n'ai vu papa qu'en coup de vent depuis mon retour d'Amérique et j'ai un mauvais pressentiment.

Alors, après avoir raccroché avec maman, j'appelle l'hôpital et je parviens à avoir l'infirmière-chef au bout du fil.

— Tout va bien, me confirme-t-elle, il dort, il se repose. Vous pouvez tranquillement attendre demain pour passer le voir.

Papa meurt cette nuit-là, la nuit du 17 juillet 1970, à l'âge de cinquante-six ans seulement, et sans que nous ayons pu nous dire adieu.

Maman a demandé que son corps soit ramené à Loconville. J'étais d'accord, Loconville c'était sa maison, mais quand je l'ai vu allongé dans son cercueil au milieu du salon, je me suis demandé comment la vie pouvait être aussi cruelle. J'étais confrontée pour la première fois au masque glaçant de la mort, et sous ce masque reposait mon père. Comment allions-nous survivre à cela ? au visage ravagé de maman, aux sanglots d'Eddie, à ma paralysie, moi qui n'arrivais pas à croire qu'une telle chose soit possible ? Comment allions-nous survivre à la disparition de papa qui nous avait sauvés tous les trois, dix-sept ans plus tôt, en nous emportant dans son passeport français ?

Passeport n° 7
Nom : VARTAN
Prénoms : Georges Robert
De nationalité française
Accompagné de sa femme
et de ses deux enfants
Valable pour un seul voyage en France

Je me suis souvenue que dans le train, après avoir passé la frontière entre la Bulgarie et la Yougoslavie, il avait rangé son passeport dans la poche intérieure de sa veste, sur son cœur, et qu'il s'était endormi avec sa main posée dessus. Maman souriait, Eddie regardait par la fenêtre, et moi je m'étais remise à jouer avec ma poupée Francette.

Qui dira son courage, à part nous trois ? Nous trois, et les Brink, et les Krauss.

À la messe, c'est André Brink qui se lève et vient raconter leur dernière soirée à Loconville : « Georges, tu ne veux pas nous jouer un peu de piano, comme au bon vieux temps ? Ça nous ferait tellement plaisir… » Papa s'était levé et avait gagné le piano péniblement en s'aidant de sa canne. Mais il n'avait pas pu s'asseoir, alors il avait joué debout.

« Quand il s'est retourné pour nous sourire, ajoute oncle André, nous étions tous en train de pleurer. »

Et ceci encore : un soir, au temps de l'*Hôtel d'Angleterre*, papa et Eddie se présentent chez les Brink, mais avec plus de cérémonie que d'habitude.

— André, dit papa, je viens avec mon fils te rembourser l'argent que je te dois, et te renouveler mes remerciements au nom des miens.

— Georges ! Mais tu ne me dois rien du tout voyons !

— Si, l'argent du train. Tu te souviens, je t'avais promis, quand ma situation serait meilleure… Eh bien, voilà… voilà… la somme est là. Je te prie d'accepter cet argent, je veux qu'Eddie sache…

Eddie savait, nous savions tous quel homme était papa.

31

Mon journal, 1972 (extraits)

« Loconville, dimanche 15 octobre 1972.

« Je suis seule, une fois de plus, mais aujourd'hui je me sens bien dans ma solitude. Je suis dans cette maison que j'aime. La lumière est belle dehors, j'entends le bruit du vent dans mes grands arbres et je regarde les derniers rayons du jour. J'entends aussi la voix de maman, son accent si particulier que j'aime tant. Elle aime s'affairer dans la cuisine. Je la sens heureuse ici, et je suis bien. Je crois que sans elle je ne serais plus rien, je n'aurais plus rien, ni force ni confiance en moi. C'est elle ma force.

« Aujourd'hui je suis heureuse dans ma solitude. Hier, c'était l'angoisse : Paris, l'appartement vide. Pour moi, cet appartement, c'est un hôtel de luxe, impersonnel et froid.

« J'aimerais avoir un autre enfant. Quelqu'un à mes côtés, mais je ne le vois pas, celui-ci. Qui pourrait s'intéresser à moi, emprisonnée comme je le suis dans ma cage dorée ? Aucun homme bien n'y entrera jamais. Les autres, j'ai l'habitude de leurs regards, j'y suis complètement indifférente. Une cage, ça fait peur à tout le monde, et même à moi qui n'en possède pas la clé. Si j'avais la possibilité d'en sortir, la vie se chargerait de m'y remettre. Je me résous petit à petit à accepter cette idée.

« Je pense à tous les pièges qui m'attendent et que j'essaie d'éviter. Les amours de quelques jours qui ne vous laissent après qu'un goût amer et le cœur un peu plus meurtri. Parce qu'on a trop donné, sans calculer, sans se protéger. Non, merci, ça finit par vous user, vous entamer. Ne pas tomber dans la facilité. Il faut savoir résister. »

« Loconville, dimanche 22 octobre 1972.

« Une semaine vient de passer, et qu'est-il arrivé de plus ? Un voyage en Italie, des bousculades, les grèves, les bagages à porter toute seule. Évidemment, j'aurais pu me faire accompagner par quelqu'un, mais je préfère être toute seule et qu'on me fiche la paix. J'ai lu, lu, lu. Maintenant, ce sera comme ça : tu seras toi et ton livre, toi et ta chambre d'hôtel, toi et ton chien… Ce dimanche est gris et pluvieux, on sent la terre humide, l'odeur des champignons. C'est un de ces jours qui donnent envie d'être deux au coin du feu, avec du thé, des toasts et des confitures rouges. Ou peut-être un de ces jours qui invitent aux longues promenades avec des bottes…

« Il est six heures, et la nuit est déjà là. J'aurais préféré être dans le premier tableau, les bras de quelqu'un autour de moi, mais puisque ça ne se peut pas, j'opte pour la promenade. Où est la laisse de Ringo ? Il m'attend, il sait que l'on va partir. Nous prenons le chemin du cimetière. Depuis longtemps, j'ai envie de me retrouver là-bas, un soir, près de la vieille église où papa repose.

« J'ai déjà dépassé la ferme où les chiens aboient. Au bout du chemin noir, je vais bientôt apercevoir la masse sombre de l'église. Voilà, je la vois, et malgré la nuit elle est baignée de soleil et il y a un monde fou. Ce sont les souvenirs de notre mariage qui me reviennent. Je me revois toute tremblante d'émotion et de bonheur. Et la pluie qui s'était mise à tomber. Vite, la voiture, où est mon père ? Mon Dieu, cette foule ! J'espère qu'ils n'ont pas écrasé papa, ma grand-mère… Mais à peine à la maison, le soleil était là de nouveau. En moi-même je m'étais dit : “La pluie, le beau temps ; le beau temps, la pluie – ça sera comme ça, ce mariage, j'en suis sûre.”

« C'est ridicule de repenser à tout ça. La cloche de l'église vient de sonner sept heures, de gros nuages cachent la lune et je n'entends que les halètements de Ringo. Le marbre est glacé sous mes lèvres. Dire que papa repose sous cette dalle…

Quel désespoir, ce jour-là, dans cette église ! Je ne m'en souviens qu'à travers un rideau de larmes.

« Au retour, je presse le pas. Il fait froid et humide, Ringo tire sur sa laisse. Nous repassons devant la ferme où les chiens aboient. Bientôt, j'aperçois les lumières de notre cuisine à travers les troènes, tout au fond du parc, et j'entends qu'on appelle : "David ! David ! Reviens, on va dîner !"

« Quel réconfort de retrouver la cuisine tout illuminée ! La gaieté de maman : "Tu t'es bien promenée, ma chérie ? Il ne faisait pas trop froid ?" Et mon David ! Son sourire, ses yeux brillants ! Nous allons dîner avant de rentrer à Paris ; comme ça on évitera les embouteillages. »

32

Est-ce notre destin de fuir la misère, l'oppression ?

Un matin, le téléphone sonne à la maison. C'est Daniel Filipacchi qui est resté un véritable ami. Il dirige maintenant un groupe de presse et vient de tomber par hasard sur la couverture du prochain numéro de *Mademoiselle Âge tendre* où l'on voit le père de David et sa dernière conquête. Elle est déjà sur les rotatives, mais il me propose de la faire sauter.

Je n'ai pas dû réfléchir plus de dix secondes :

— Non, ne change rien. Merci de m'avoir prévenue.

On ne lutte pas contre la marée montante. À quoi bon supprimer une couverture quand je sais que dix autres vont surgir dans les kiosques avec la même image ? Les dégâts ne sont plus à craindre pour moi, maintenant, mais pour mon fils qui a six ans, qui commence à être curieux de tout et à savoir lire. Il peut à tout moment, rentrant de l'école, tomber sur ces photos choquantes et découvrir les gros titres.

Je ne veux pas de ça et c'est dans ce contexte que je prends la décision de partir avec lui et maman pour Los Angeles. Je ne sais pas pour combien de temps nous partons, mais l'urgence est d'éloigner David et, aussitôt arrivés, je l'inscris au lycée français.

Paris-Los Angeles. Los Angeles-Paris. Les premiers temps, le destin semble hésiter, nous faisons plusieurs longs séjours en Californie, plusieurs allers-retours avant de nous y fixer définitivement en 1975.

C'est seulement dix ans plus tard, quand je me déciderai à faire parler maman devant ma caméra, que je prendrai soudain conscience d'avoir fait vivre à David ce que sa grand-mère et moi-même avons vécu avant lui, et à peu près au même âge. Maman quittant sa Hongrie à la veille de ses huit ans pour commencer une nouvelle vie en Bulgarie – dans une nouvelle langue. Moi quittant la Bulgarie l'année de mes huit ans pour commencer une nouvelle vie en France – dans une nouvelle langue. Enfin David quittant la France l'année de ses sept ans pour entamer une nouvelle vie aux États-Unis – dans une nouvelle langue.

Est-ce notre destin ? Y a-t-il quelqu'un là-haut pour faire de nous d'éternels exilés, nous marquant d'une croix sur le front dès notre venue au monde, ou notre mémoire familiale a-t-elle enregistré que l'exil est le plus sûr moyen d'échapper au malheur ? Les parents de maman fuient la Hongrie misérable en quête d'un peu de richesse et de nourriture pour leurs enfants, mes parents fuient la Bulgarie communiste, comme on fuit la peste, en quête de liberté, et moi je dois fuir la France pour protéger mon fils, notre intimité et notre paix.

Cependant, et sans le vouloir, je viens conforter le destin d'inépuisable errante de maman. L'année de ses cinquante-neuf ans (1973), la voilà contrainte de se mettre à l'anglais, sa quatrième langue depuis sa naissance après le hongrois, le bulgare et le français.

Nous fêtons son anniversaire à Loconville, pour la dernière fois, à l'occasion d'un de nos retours en France.

Voici ce que j'en rapporte dans mon journal :

« 9 décembre 1973. Aujourd'hui maman a cinquante-neuf ans. Je ne voudrais pas qu'elle vieillisse. On organise un petit dîner à la maison. Eddie lui a apporté des violettes. Elle est heureuse. Et toujours si belle ! Elle porte sa jupe verte de Saint Laurent et un cache-cœur en soie marron. On n'a pas pu joindre Milka et Boubi Krauss, sans doute partis pour le week-end. On a fait une table pour les enfants autour de David. Ils sont tous ravis. Au menu : tarama, *banitsa*, canard, et moi j'ai fait des choux à la crème. Pour elle. »

Maman supporte avec tristesse son éloignement de Loconville. Elle me répétera qu'elle a vécu là-bas ses plus belles années auprès de papa. Elle adore y être avec David et moi, son cœur continuant de battre silencieusement dans le souvenir de son cher mari. Au début, elle nous suit avec plaisir à Los Angeles, parce qu'elle aime voyager, découvrir, et qu'elle songe avec bonheur au jour où nous allons rentrer à Loconville, *sa* maison, à quelques centaines de mètres du lieu où repose papa. Quand elle comprend que Los Angeles pourrait devenir sa nouvelle terre d'asile, elle le prend mal.

— Je ne veux pas d'un nouveau pays, dit-elle, je ne veux pas devoir apprendre une nouvelle langue, comprends-moi ma petite chérie, je suis fatiguée de devoir toujours tout recommencer. Et puis nous sommes si heureux ici !

Elle sait que je ne peux pas faire autrement, mais elle est partagée entre son amour pour son petit-fils et tout ce qu'elle laisse de nous et d'elle-même à Loconville.

Aujourd'hui, tandis que j'écris ce livre et suis remplie du souvenir des années lumineuses que nous avons partagées par la suite à Los Angeles, de son bonheur lors de mon mariage avec Tony, puis de ses larmes de joie quand est apparue Darina, je me dis que j'ai eu bien raison d'oser de nouveau la déraciner. Comment aurait-elle vieilli, seule dans la maison de Loconville, loin de nous et hantée par ses deuils ? D'une certaine façon, je l'ai précipitée malgré elle dans le train de la vie et ce dernier voyage en Amérique valait bien cet ultime arrachement.

Mais tout de même, je ne peux pas m'empêcher d'avoir le cœur serré en me la remémorant certains matins à Los Angeles, attablée devant son café et la cigarette déjà aux lèvres.

— Ça va, maman, tu as bien dormi ?

— Ça va, ma petite cherrrie, ça va. Mais tu sais, comme cette nuit je ne dormais pas, je réfléchissais. Partout où j'ai vécu j'ai été une étrangère finalement. Accueillie comme une étrangère, regardée comme une étrangère. Ça n'a pas été facile – la langue, les usages que tu ne connais pas, les gens qui te font sentir que ta place n'est pas ici, qu'ils n'ont pas besoin de toi… Ça n'a jamais été facile. À part petite fille, en Hongrrrie. Mais la Hongrie me semble si loin maintenant.

33

« Parfois, je rêve d'être un arbre et que mon feuillage vous préserve des tempêtes du monde »

« Los Angeles, novembre 1976.

« Ma petite fille chérie,

« C'est lundi aujourd'hui, je suis sur la terrasse de ma chambre, bien tranquille, avec un bon soleil pour me chauffer et bavarder avec toi. Pour que David ne s'ennuie pas, j'ai invité la petite Michèle, chaque soir ils se téléphonent des heures et des heures, je crois que ton fils est très amoureux. Je les ai fait déjeuner, et maintenant ils sont dans la piscine. Depuis que tu lui as écrit pour lui demander de veiller sur moi, il veut être le maître à la maison et commander tout le monde. Enfin, on se bagarre pas mal et il me guette pour voir si je vais céder. Que veux-tu, c'est l'âge. Je me prépare à quelques années difficiles. Après, on verra bien. Il m'a suppliée d'acheter le sac avec la poupée pour Michèle. Je l'ai acheté, il était entendu qu'il le lui offrirait pour Noël, mais hier il l'a trouvé et le lui a donné... "Je veux être grand et faire ce que je veux !" m'a-t-il dit. À dix ans, tu vois un peu !

« Vendredi, il y avait un film formidable sur la chaîne 7, je voulais qu'il le regarde avec moi, mais il n'a pas voulu. C'est dommage, il aurait appris beaucoup de choses. Figure-toi, un couple de poissons : les petits, une vingtaine, nagent autour de la mère pendant que le père surveille. S'il se présente un danger, aussitôt la mère ouvre la bouche et tous les petits entrent dedans. Quand le danger est passé, voilà qu'ils ressortent. Une musique de Tchaïkovski accompagnait le film, c'était vraiment magnifique.

« J'aime beaucoup la nature, quand tout est en harmonie, sauf qu'il y a toujours les plus forts qui mangent les plus petits et ça me chagrine un peu. J'admire beaucoup les arbres, et parfois je rêve d'en être un, que j'abrite mes oiseaux à moi, que mon feuillage les préserve de toutes les tempêtes du monde et des éclairs maléfiques de la vie. Je pense que tu vas sourire de ce que je t'écris, mais je voudrais tellement vous voir heureux que je donnerais ma vie encore et encore pour vous.

« Ma chérie, tout ce que je te demande c'est de bien veiller sur toi, chaque jour je prie la Sainte Vierge pour qu'elle te protège et te garde pour nous. J'ai plein d'idées pour l'avenir, nous en parlerons à ton retour. Je suis en pleine forme, tu sais, et je voudrais ouvrir un petit salon de thé et de pâtisserie, ici, à Los Angeles, pour que tu travailles un peu moins et qu'on puisse t'avoir plus souvent avec nous. »

Sur le point de fêter ses soixante-deux ans, maman reprend son rêve le plus cher : ouvrir un salon de thé-pâtisserie comme celui de Mme Berta à Sofia dans les années 1930. Déjà, à Clichy-sous-Bois, ce grand projet l'avait tenue durant plusieurs mois, d'autant que Milka Krauss s'y était associée. Toutes les deux s'étaient réparti les tâches : maman, qui adorait cuisiner, ferait les gâteaux, et Milka les servirait. Pourquoi avaient-elles renoncé ? Sans doute par manque d'argent : les deux couples venaient alors d'emprunter pour acheter leur appartement.

Relisant les lettres de nos premières années à Los Angeles, je vois combien maman se fait du souci pour nous, Eddie et moi, et pour ses petits-enfants. Nos deux couples sont en plein naufrage : Doris et Eddie se sont également séparés et lui en souffre énormément, mais à sa façon, silencieusement, en se refermant sur lui-même. Leur fils, Michaël, qui a deux ans de moins que David, vit le même désarroi, et maman s'inquiète sans cesse pour ses deux petits-enfants.

La mélancolie et le chagrin d'Eddie ne cesseront jamais de la préoccuper. Jusqu'à la mort d'Eddie, en juin 2001, elle se sentira coupable de ne pas être parvenue à le sauver d'une sorte d'inaptitude au bonheur, ou peut-être même d'une impuissance à vivre contractée dans l'enfance. Coupable aussi d'avoir été plus présente auprès de moi. C'est moi qu'elle suit à Los Angeles, laissant Eddie en France dans une période douloureuse de sa vie. Le cœur tiraillé entre ses deux enfants, à plusieurs reprises elle repartira pour la France passer du temps auprès de son fils. Mais elle rentrera chaque fois de ces voyages éperdue de tristesse, comme si le mal-être d'Eddie avait fini par la contaminer. Elle l'a beaucoup écouté, elle l'a vu fumer toutes les nuits jusqu'à des heures impossibles et, consciente qu'il se détruit, elle est ravagée par son impuissance à le sortir de là.

Et moi je partage sa culpabilité. Avec le recul, je vois combien nous avons tous été victimes de l'ordre des choses dans les temps les plus difficiles de notre vie : c'est d'abord moi que maman protège en Bulgarie parce que j'ai sept ans de moins qu'Eddie et que je semble sans doute plus fragile. Quand nous sommes en France, c'est moi qui dors naturellement dans le lit de maman, moi qui me love chaque nuit dans ses bras comme un bébé, pendant qu'Eddie partage le lit de notre père dans la rudesse et la pudeur que l'on peut imaginer. Quatre années durant j'ai dormi contre maman, enveloppée dans sa chaleur et sa tendresse, et tandis que cette intimité tissait entre nous un autre cordon ombilical, indestructible celui-ci, je sais bien que j'ai puisé dans cette proximité, dans toute cette tendresse, tout cet amour, un équilibre et une confiance en la vie dont Eddie n'a pas pu profiter. Oui, par la force des choses, elle m'a sans doute plus donné qu'à lui.

Si maman exprime son désarroi et son inquiétude pour nous face aux « éclairs maléfiques de la vie », c'est aussi qu'elle ne comprend plus les mariages d'aujourd'hui et comment les nôtres peuvent voler en morceaux à cette allure. Main dans la main avec papa ils ont traversé la guerre et le communisme, la faim et la peur pour leurs enfants, puis le dépaysement en France et toujours la grande pauvreté, or elle dit que plus les nuages s'amoncelaient, plus ils se sentaient aimants et solidaires. Comment les couples modernes fonctionnent-ils ? Comment en arrivent-ils à se briser ? Elle n'a pas les mots pour dire sa perplexité et sa tristesse, et sans doute a-t-elle le sentiment que les valeurs si précieuses qui leur ont permis de traverser debout les pires années du siècle – la loyauté, la fidélité, la générosité, le courage – sont en train de se perdre.

34

Tony, cet accident phénoménal venu télescoper ma solitude

Je fais la connaissance de Tony durant l'hiver 1981 à Tokyo, au Festival international de la chanson. Il est le président du jury, et moi l'un des jurés – parmi beaucoup d'autres venus des quatre coins du monde. J'ai trente-sept ans, je suis enfin divorcée et je m'apprête à vieillir seule, entre mon fils et ma mère. D'ailleurs, ce festival, je n'y serais pas allée sans la pression de mon impresario. J'étais enfin détendue et heureuse dans ma bulle familiale de Los Angeles, me préparant mentalement à affronter le Palais des Sports à Paris huit mois plus tard, et si cela n'avait tenu qu'à moi j'aurais annulé Tokyo.

Je ne sais rien de ce Tony Scotti, et cependant il émane de lui tout ce qui m'attire chez un homme : une autorité tranquille, le courage d'affirmer et de défendre ce qu'il pense, une grande écoute, de l'humour, de la bienveillance, de la force… Et puis je ne suis pas insensible à ses yeux d'un brun profond, à son sourire incroyable, à sa taille – une tête de plus que tous les autres –, à la façon qu'il a de se tenir, parfaitement élégant, jamais déplacé ou importun. Tout en me faisant le reproche d'être peut-être trop sensible aux apparences.

En vérité, je tombe au fil des jours sous le charme de cet homme et j'ai le sentiment que nous sommes en miroir, que lui aussi est profondément troublé. « Qui pourrait s'intéresser à moi dans ma cage dorée ? Aucun homme bien n'y entrera jamais. Une cage, ça fait peur à tout le monde. » Tony aurait sûrement osé forcer les barreaux, mais ma chance, ma grande chance, c'est qu'il n'a jamais entendu parler de Sylvie Vartan, qu'il ne sait pas qui je suis et qu'en somme il ne voit pas la cage. C'est pourquoi il s'approche avec autant de tranquillité, et sans rien me dissimuler de son émotion.

À mon retour à Los Angeles, j'ai le cœur comme un volcan, je ne dors plus, je ne pense qu'à lui – cet accident phénoménal, merveilleux, venu télescoper ma solitude. Pourtant, ce que j'ai appris de Tony ne devrait pas me porter à l'optimisme : il est marié, sa femme était avec lui à Tokyo, une jolie femme, réservée, souriante, et si elle l'a accompagné c'est bien qu'ils sont heureux ensemble, non ?

Maman, à qui je confie tout depuis mon premier baiser à quatorze ans, m'écoute avec consternation.

« Tu étais comme possédée ! me dira-t-elle plus tard. Tu parlais, tu parlais, tu ne voulais rien entendre de ce que je te disais. Il fallait que je t'écoute, que j'approuve, que j'applaudisse. »

Maman croit aux valeurs du mariage, elle ne peut pas envisager que je sois tombée amoureuse d'un homme déjà engagé, et moi je la supplie d'entendre que ce qui nous arrive nous dépasse.

Tony essuie exactement les mêmes reproches acerbes de la part de sa mère quand il décide de lui parler après plusieurs mois de réflexion. « On ne brise pas un couple marié, lui rétorque-t-elle, oublie cette jeune femme, c'est le seul conseil que je peux te donner. »

Ann Scotti, la mère de Tony, est la fille d'un Italien arrivé à New York en 1896, à l'âge de seize ans, sans argent et sans parler l'anglais. Il a commencé à faire de petits boulots avant de travailler dans le bâtiment et d'épouser une jeune Italienne qui lui a donné neuf enfants, dont Ann.

Ann a épousé un Italo-Américain, lui-même fils d'un immigré, qui devint l'organisateur de l'Union des camionneurs, et auquel elle a donné trois fils : Ben, Tony et Fred. Le père est mort prématurément et les trois garçons, pour obtenir des bourses et financer leurs études, sont devenus de grands sportifs et se sont couverts de médailles dans différents championnats des États-Unis.

Autant dire que chez les Scotti, comme chez les Vartan, on ne badine pas avec le mérite et la morale.

Quand Ann Scotti et Ilona Vartan se rencontreront enfin, après des mois d'une sourde guerre durant laquelle chacune aura tout tenté pour préserver le mariage de Tony et empêcher le nôtre, il nous sautera aux yeux que les deux femmes auraient pu être sœurs jumelles tant elles ont les mêmes valeurs, le même respect pour le mariage, la famille et la loyauté sous toutes ses formes. Toutes les deux issues de l'immigration, toutes les deux élevées dans le culte du couple parental et de la famille, toutes les deux marquées par la pauvreté et la nécessité de faire front.

35

La Maritza à Las Vegas

Mon spectacle au Palais des Sports, à l'automne 1981, est un succès. « Le rêve est devenu réalité des deux côtés de la rampe », écrit *France-Soir*. Peut-être ne suis-je plus exactement la même, secrètement amoureuse, et la seule à le savoir.

Des producteurs américains sont présents ce soir-là et quand ils me proposent de me produire à Las Vegas, la meilleure porte pour entrer aux États-Unis, ce pays que les artistes européens ont tant de mal à conquérir, je suis enthousiasmée et immédiatement partante.

Tony, l'homme qui va désormais entrer dans ma vie, est passé par tous les métiers du spectacle. Accordéoniste à sept ans quand son père l'emmenait avec ses frères aux fêtes du syndicat, chanteur dans les boîtes de nuit à vingt et un ans, puis dans un orchestre deux ou trois ans plus tard, avant d'être engagé dans un grand show à Las Vegas et d'enregistrer plusieurs albums avec Liberty Records. Il est alors repéré par la 20 th Century Fox qui lui donne le premier rôle dans un film à succès, *La Vallée des poupées*, de Mark Robson. Mais il ne veut être ni chanteur ni acteur, il préfère décider lui-même plutôt qu'attendre que les autres lui proposent des contrats, alors il crée bientôt sa propre maison de production dans laquelle il associe ses deux frères, la Scotti-Brothers Entertainment. Le succès est immédiat. « C'est l'histoire des enfants d'immigrés qui réussissent dans les affaires, résume-t-il en éclatant de rire. Ils débutent tous en bas de l'échelle et ils terminent parfois tout en haut. »

Tony m'aide à redimensionner mon show du Palais des Sports pour l'adapter à la scène monumentale de Las Vegas. Il est bienveillant mais sans complaisance, et je l'écoute, j'ai une absolue confiance en lui. Jusqu'au jour où il invente l'affiche du spectacle et son slogan : moi, lascivement allongée sur dix ou quinze mètres de long et, en dessous, cette phrase qui me paraît invraisemblable – mais il est vrai qu'aux États-Unis rien n'est impossible : « *The best gift from France since the Statue of Liberty*[1] ».

L'affiche s'étale quelques semaines plus tard sur Sunset Boulevard. J'y figure couchée sur le flanc, revêtue d'un body couleur chair qui donne

1. « Le plus beau cadeau de la France depuis la statue de la Liberté ».

au premier regard l'impression que je suis absolument nue. Certains automobilistes en oublieront de freiner et la presse se fera l'écho d'accidents heureusement sans gravité.

Maman, elle aussi, en reste plusieurs secondes sans voix et comme paralysée. Elle a avalé bien des couleuvres depuis mon premier Olympia, vingt ans plus tôt – « C'est ma fille, et on la jette en pâture à ces bêtes sauvages… » –, mais cette fois trop c'est trop. Elle m'avait rêvée travaillant dans une ambassade, ou interprète, et cette image résume sans doute à elle seule l'ampleur de son échec : je m'apprête à me produire à LAS VEGAS.

Je dois donner six représentations en décembre 1982, sur la scène mythique de la Metro Goldwyn Mayer où se sont produites les plus grandes stars d'Hollywood, tel Gene Kelly qui a d'ailleurs accepté de me parrainer. Est-ce un signe de la Vierge pour amadouer maman et lui signifier qu'en dépit des apparences je suis bien sa fille, sa « digne » fille je veux dire ? La première tombera le jour de son anniversaire – un 9 décembre. Nous ne l'avons pas fait exprès, mais cela me comble de bonheur. Elle sera au premier rang avec David et Eddie et je vais donc lui dédier *La Maritza*, cette chanson écrite par Jean Renard et Pierre Delanoë à la fin des années 1960 et qui pour la première fois s'inspirait de notre histoire familiale :

La Maritza c'est ma rivière
Comme la Seine est la tienne (...)
Quand l'horizon s'est fait trop noir
Tous les oiseaux sont partis
Sur les chemins de l'espoir
Et nous on les a suivis
À Paris...

À l'instant d'entrer en scène, je mesure exactement le défi que je dois relever ce 9 décembre 1982, jour des soixante-huit ans de ma mère : la convaincre que bien qu'à Las Vegas je ne l'ai pas trahie, et convaincre dans le même temps les centaines d'Américains venus m'écouter, dont sans doute aucun ne saurait citer le titre d'une seule de mes chansons, que j'ai ma place ici. Autant dire que tout est à recommencer, comme pour mon premier Olympia le 26 décembre 1961.

J'entends les mots de Gene Kelly : « *Over the years, MGM has been proud of our lustrous list of stars, and tonight we are about to welcome a new member to family, her name : Sylvie Vartan* » (« Durant toutes ces années, MGM a été fière de notre liste impressionnante de stars, et ce soir nous nous apprêtons à accueillir un nouveau membre de la famille : Sylvie Vartan »). Et je me lance.

« Allant au-devant du public comme jamais, rapportera l'envoyé spécial du *Journal du dimanche*, dialoguant avec lui dans une langue qu'elle pratique à merveille, elle a fait éclater les bravos. »

Mais le plus important pour moi est d'avoir emporté le cœur de maman en la faisant applaudir par toute la salle après lui avoir offert *La Maritza* et ces deux seules petites phrases : « Cette mélodie lui rappelle ses années de jeunesse et la Bulgarie qu'elle a quittée pour un pays de liberté : la France. Et ce soir, elle se retrouve avec moi sur une autre terre de liberté : l'Amérique ! »

De cette soirée, il me reste cette photo prise dans ma loge après le spectacle : maman est assise dans un fauteuil, et comme je me penche pour l'embrasser elle me caresse un instant la joue tout en me scrutant avec cet air à la fois tendre et profond qu'elle prenait au moment des bulletins scolaires : « C'est bien, ma petite chérie, je suis heureuse et je suis fière de toi. »

De quelle plus belle récompense aurais-je pu rêver ?

36

Se souvenir

Qui d'autre que Tony aurait pu m'accueillir avec tous mes vivants et mes morts ? Nous allons nous marier, nous cherchons une maison, et moi je serai flanquée des miens : ma mère, mon fils David, mes deux chiens, mon chat… et ma tante Lili, la plus jeune sœur de maman, qui a pu enfin nous rejoindre. Bientôt Maria, la fille de Mitzi, la sœur aînée de maman, passera aussi par Los Angeles. Sans compter ceux qui ne sont plus là : mon père, mes chers grands-parents, Robert et Slavka Vartan, Rudolf et Rosa Mayer, dont les photos et les quelques précieux souvenirs occupent une ou deux valises.

En m'épousant, Tony est bien décidé à épouser aussi tous les miens. C'est le contraire qui l'aurait attristé, et même choqué, que je me sois affranchie de ma famille, car lui, de son côté, apporte également la sienne : sa mère, ses frères qu'il a étroitement associés à ses affaires, ses neveux et tous ses morts que je découvre sur des photos bouleversantes posant devant des immeubles vétustes des faubourgs de New York – son père, ses grands-parents. Ils arrivent d'Italie, nous de Bulgarie, et Tony et moi qui avons vu nos parents souffrir du déracinement partageons le culte de leur mémoire.

La plupart des maisons que nous visitons n'ont aucune âme. Los Angeles est une ville de passage où l'on vient faire fortune avant de revendre et de disparaître. Des maisons d'un luxe tapageur, des façades qui témoignent d'une certaine forme de réussite mais derrière lesquelles nous n'imaginons pas des rires d'enfants et des grands-mères qui les surveilleraient tout en tricotant sous un magnolia. Et puis soudain c'est elle, la voilà notre maison : une jolie façade « à la française », comme on dit ici, un toit d'ardoise, des tas de chambres, et juste derrière un grand jardin. Elle n'est pas à vendre, mais je ne doute pas qu'elle le sera bientôt et en attendant j'en rêve et je me renseigne sur son histoire. Quand je découvre qu'elle a appartenu à Rosalind Russell (1907-1976), merveilleuse comédienne, artiste de music-hall, je me dis que le destin veille sur nous. Et un an plus tard, en effet, elle nous revient.

C'est dans cette maison que nous nous marions, le 2 juin 1984. Seuls nos deux familles et quelques amis proches assistent à la cérémonie et à la petite fête qui suit. Eddie n'est pas là, il se remarie le même jour en France avec Florence qui vient de lui donner son second fils, Nicolas. Maman fêtera bientôt ses soixante-dix ans et l'image que je garde d'elle ce jour-là me remplit de confiance en l'avenir : elle s'est installée dans le jardin à côté d'Ann, la mère de Tony, et toutes les deux bavardent et rient comme de vieilles amies. Ann qui ne voulait même pas me connaître, qui était ulcérée que son fils puisse envisager de divorcer, et maman qui me suppliait d'oublier cet homme marié, qui parlait de « coup de tête ». Pour une fois elle s'est trompée, pour une fois l'élan amoureux l'a emporté sur la conduite morale qu'elle préconisait et cela ne cessera plus de l'interroger et de la troubler.

La vie continue donc de la surprendre, et ici de la confondre. Je ne peux pas m'empêcher de croire que tous ces bouleversements la maintiennent vivante. Elle parle maintenant l'anglais, ça y est, et elle est tombée amoureuse de toute la tribu Scotti qui l'accueille avec une incroyable tendresse.

Cependant, le malheur continue de la talonner. Sa sœur Lili, qu'elle avait retrouvée avec tellement de joie, est morte juste avant notre mariage. Lili incarnait à elle seule toutes les blessures des peuples opprimés par le communisme, toutes ces souffrances auxquelles nos parents nous ont permis d'échapper. Arrêtée et internée dans un camp en Bulgarie pour une raison qu'elle ignorait elle-même, elle avait ensuite accompagné sa mère, Rosa, dans la vieillesse et jusqu'à la mort. Alors Lili était repartie seule pour la Hongrie, son pays d'origine, espérant sans doute y trouver un peu de paix et de lumière. C'est de Budapest que nous avions pu la faire venir. Mais elle n'était déjà plus elle-même, c'était une femme qui se sentait traquée partout, que la prison et l'État policier avaient profondément perturbée. La maladie l'a emportée prématurément sans qu'elle ait pu connaître l'amour et la joie d'avoir des enfants.

1984 est une année charnière pour maman, comme pour moi. David va décrocher son bac, il est élevé, il va bientôt faire ses premiers pas dans la musique, épaulé par Tony, il vole de ses propres ailes et sa « Néné » se retrouve un peu désœuvrée. Quant à moi, qui ai fêté mes quarante ans au mois d'août, j'ai décidé de m'arrêter plusieurs mois, peut-être même plusieurs années, pour prendre le temps de goûter chaque instant de notre nouvelle vie.

Prendre le temps, c'est aussi prendre le risque de se retourner, de se souvenir. C'est comme cela qu'un matin, après avoir embrassé maman dans la cuisine, j'ai soudain voulu savoir comment elle avait rencontré mon père. Nos conversations ont commencé ce matin-là, à Sofia en 1934, dans la pâtisserie viennoise de Mme Berta. Oui, mais comment maman avait-elle atterri dans une pâtisserie ? Alors il a fallu que nous remontions le temps un peu plus encore et nous envolions pour Budapest où j'ai découvert l'année 1914 – son père architecte, sa mère qui ne voulait pas vraiment d'elle, n'est-ce pas, déjà mère de six enfants, dont deux morts, et qui se demandait pourquoi en mettre un nouveau au monde quand la guerre venait juste d'éclater.

À ce moment-là, déjà, j'avais branché ma petite caméra, et tout en écoutant maman je songeais qu'en me révélant cette histoire immense dans cette maison de Los Angeles elle était en train sans s'en douter de nous y enraciner, aussi sûrement qu'à Sofia, à Paris ou encore à Loconville.

37

Sofia sans elle

Avec la chute du mur de Berlin durant ces journées irréelles et magnifiques de novembre et décembre 1989 se pose la question de mon retour à Sofia. Par le passé, des ministres français m'ont souvent proposé de les accompagner en Bulgarie, en visite officielle, et j'ai chaque fois refusé. Je ne voulais pas donner l'occasion à ceux qui avaient martyrisé les miens de se féliciter de ma présence dans leurs palais comme si tout cela n'était plus qu'anecdotes. À présent c'est différent, Todor Jivkov, que Moscou avait mis en place en 1971, a été enfin renversé et la Bulgarie se réveille lentement de quarante-cinq années de glaciation.

Ma décision est prise : je reviendrai à Sofia en octobre 1990 pour y donner un concert. Maman demeure interdite quand je le lui annonce. Puis elle dit qu'elle ne m'y accompagnera pas et je crois que cela me soulage.

— Tous ceux que j'aimais sont morts emprisonnés dans ce pays, me déclare-t-elle un matin, la voix altérée par une sourde colère. Pourquoi est-ce que j'y retournerais ? Je n'y ai plus personne.

Ce jour-là, je ne trouve pas les mots pour lui dire combien je partage son chagrin et je la prends simplement dans mes bras comme si les rôles venaient soudain de s'inverser : pour la première fois, c'est moi qui me sens assez forte pour la réconforter, et c'est elle qui s'abandonne.

Parti en éclaireur pour repérer les lieux et établir les premiers contacts, Eddie rentre de Sofia le visage creusé et les yeux rouges.

— Prépare-toi à un choc. C'est très dur, bien plus dur que ce que j'avais imaginé.

C'est lui qui m'organise mon agenda : d'abord le concert, puis cette première épreuve passée, le retour sur les lieux de notre enfance. « Sinon, me glisse-t-il, tu risques de ne plus avoir la force de chanter. »

Combien il a eu raison !

De la foule qui m'attend à l'aéroport à celle qui m'applaudira, debout, le lendemain soir au Palais de la Culture, le premier choc est pour moi l'ovation que m'adressent ces centaines de personnes dont je n'ai rien su durant toutes ces années et dont je découvre du jour au lendemain l'affection.

Je m'attendais à pleurer secrètement, mais je ne pensais pas que les Bulgares pleureraient avec moi, or c'est pourtant ce qui est arrivé, ces larmes partagées renouant un lien que je me figurais à jamais rompu.

Henry-Jean Servat, qui me suit pour le quotidien *Libération*, a tenté de mettre en mots ce raz-de-marée qui nous a tous emportés :

« Les quatre mille spectateurs du Palais national de la Culture, écrit-il, n'avaient encore jamais vu chez Sylvie tant d'émotion et de douleur. Vibrante de larmes qu'elle ne pouvait ni ne voulait contenir, pantelante de tristesse, éperdue de vertige, l'ex-gamine en robe de piqué blanc avec nœuds de tissu dans les cheveux frisés a donné le plus beau spectacle de sa carrière.

« Mêlant à ses succès des chansons bulgares, parlant dans les projecteurs et racontant sa vie comme jamais elle ne l'avait encore fait, Sylvie s'est montrée constamment déchirante. La jolie poupée blonde qui, jusqu'alors, virevoltait en des robes semblant déchirées par des pattes d'ours a perdu la froideur glacée qui la nimbait pour se parer d'une chaleur passionnée. En ce pèlerinage aux sources, Sylvie n'a sûrement pas retrouvé le temps perdu, mais assurément gagné une qualité d'âme.

« Rejointe entre deux chansons par une multitude de gosses lui apportant des bouquets, embrassée par une lointaine cousine ou un proche voisin lui déballant carrément sur les planches des photos de son grand-père, ou lui racontant des souvenirs de papa Vartan, Sylvie craqua et craqua encore.

« Sous l'œil de son mari, de son fils, et surtout de son frère qui, plus âgé qu'elle, avait laissé là des souvenirs plus vivaces, elle a pleuré comme une Madeleine. Évoquant père et grand-père (en interprétant Trenet), entonnant des hymnes subversifs comme *Moya Goro*, et surtout *Mila Rodino* que le régime avait interdit, elle a expliqué à quatre mille personnes debout, et pleurant elles aussi, qu'il fallait croire aux lendemains qui chantent, refuser l'oppression et cultiver la liberté. De mémoire de Bulgares, comme de fans de Vartan, on n'avait encore jamais vu ça : Sylvie en madone révolutionnaire et Madelon libertaire, déchirant sa gangue amidonnée et craquelant son vernis nacré. Révélant enfin ce qui, depuis si longtemps, fait pleurer cette blonde. »

La veille au soir, on avait frappé à la porte de la chambre d'hôtel que nous partagions avec Tony, et allant ouvrir il m'avait fallu un instant pour reconnaître Maria sous les traits d'une femme de cinquante ans. Maria, ma cousine adorée, la fille de Mitzi, que je n'avais pas revue depuis cette photo de l'été 1950 où nous posions chez mes grands-parents, maman tenant Maria par les épaules et moi tout contre mon grand-père. Elle avait alors douze ans, et moi six.

Ce premier soir, Maria m'a raconté ce qu'avait été sa vie derrière le rideau de fer : elle voulait être médecin, mais le régime l'avait contrainte à devenir vétérinaire, à soigner plutôt les vaches que les hommes, et depuis elle portait ce métier comme une croix. Puis les enfants étaient venus, mais la misère au quotidien les avait petit à petit épuisés, son mari et elle.

« Revoir la maison de mon grand-père » – je ne pensais pas qu'un jour j'aurais à formuler un souhait à ce point vertigineux. Elle était figée pour l'éternité dans cette lumière dorée des après-midi d'automne, derrière ses persiennes à demi closes, moi somnolant dans mon transat pendant que mon grand-père lisait son journal, et voilà que je la retrouve comme éteinte, grise et décrépite. Les gens qui l'habitent ont été prévenus de ma visite, ils m'attendent sur le trottoir, ils m'offrent des fleurs, me prient d'entrer. Comment leur dire que je préférerais être seule ? Seule avec Tony, Eddie et David qui m'accompagnent. Je retrouve la véranda, celle d'où j'attrapais les flocons de neige grands comme des mouchoirs dans les bras de maman, la grande pièce où mon père jouait du piano tandis que maman et moi l'écoutions, blotties dans le même fauteuil, les chambres à l'étage, et si je ne peux pas me retenir de pleurer, c'est que tout est resté là, nos meubles, nos tableaux, certains bibelots, mais vieillis, abîmés, misérables. Et partout, maman m'accompagne, sa silhouette, sa voix… Je sais que jamais je n'aurais supporté ce voyage si je ne l'avais pas sue vivante.

On m'ouvre d'autres portes, maintenant les gens sont confus, silencieux, je ne devrais pas pleurer, et soudain dans une chambre je reconnais le fauteuil de mon grand-père. Le velours usé que je caresse à l'endroit où il reposait sa tête.

— J'aimerais tellement l'avoir, dis-je tout bas à Tony.

Je le vois se tourner vers la dame âgée qui habite cette chambre, puis j'entends qu'Eddie traduit ce que vient de dire Tony.

— Oh, rétorque-t-elle un moment plus tard, ce serait avec plaisir, mais je ne peux pas m'en passer. Qu'est-ce que je ferais de votre argent ? Ici, en Bulgarie, on ne trouve pas de fauteuils.

Eddie s'excuse, et comme la vieille dame semble sincèrement désolée je lui prends un instant la main pour la porter à mes lèvres. Ce n'est qu'ensuite, quand nous repartons, qu'il me revient que maman avait ce geste quand nous patientions dans les files d'attente, sur le trottoir, pour avoir un peu d'huile ou de pain, et qu'elle priait une personne âgée de passer devant nous.

— Passez, petite maman, je vous en prie, passez.

38

Retour à Budapest

Elle n'avait pas voulu retourner à Sofia, mais quand je lui propose de l'accompagner à Budapest, sur les lieux de ses parents et de son enfance, je vois son visage s'éclairer. Ensuite c'est Tony qui construit le voyage, et ce retour à Budapest, qui aurait pu sombrer dans la mélancolie, se transforme en une grande fête familiale. Devenue la plus proche confidente de maman, la mère de Tony, Ann, nous accompagnera. Il parvient à convaincre Eddie de se joindre à nous avec sa femme Florence – Eddie qui se méfie des pèlerinages comme de la peste depuis celui de Sofia, mais qui se laisse gagner par l'enthousiasme de Tony. Et puis nous expédions des télégrammes à Sofia pour prier Maria de nous rejoindre secrètement à Budapest avec tous les cousins qu'elle retrouvera, si elle ne les a pas tous perdus. Elle et maman ne se sont pas revues depuis l'année 1952. Ce sera une surprise.

Je me repasse le film de ce voyage, le dernier à nous réunir tous. Eddie mourra sept ans plus tard, bientôt rejoint par maman. Et cependant ils sont là, sur l'image, si vivants, si touchants. Eddie qui s'efforce de sourire mais dont la caméra trahit à chaque instant l'insurmontable tristesse, et j'allais écrire la fatigue de vivre, maman qui nous cherche sans cesse des yeux, soucieuse de nous raconter ce que nous n'avons pas connu, de nous expliquer encore ceci ou cela, mais que la nostalgie rattrape par moments et qui semble alors complètement perdue, heureuse ou malheureuse, je ne saurais plus dire. Maman qui se tait, qui ne m'écoute plus, et qui soudain sort de sa rêverie :

— Pardon, ma petite chérie, tu me parlais ? Je n'ai pas entendu. Qu'est-ce que tu voulais savoir ?

Puis dont les mains tremblent imperceptiblement quand elle allume une nouvelle cigarette.

Tony a carrément loué un bateau pour nous transporter tous sur le Danube avec nos valises, nos chapeaux de pluie et nos souvenirs. Nous embarquons à Vienne après avoir passé toute une journée à Schönbrunn, la résidence d'été de François-Joseph et de l'impératrice Sissi. Maman que la grande histoire passionne, que l'on voit en conversation avec Ann dans les salons du château et qui rallume une cigarette à peine dehors en dépit de la pluie et du vent qui retourne son parapluie. Tout le monde rit autour d'elle et elle semble se demander pourquoi.

Nous arrivons donc à Budapest par le Danube, on décharge les bagages, on rit, on s'amuse – mais qui tient la caméra ? Je ne sais plus – et dans la petite gare portuaire Maria est bien là. Maman met un instant à reconnaître sous ses traits ceux de sa grande sœur Mitzi qu'elle a tellement aimée, puis toutes les deux s'enlacent et pleurent. Derrière Maria surgit bientôt Iogica, le fils d'un des aînés de l'architecte, ces garçons qui avaient si profondément déçu leur père en faisant la noce plutôt que d'étudier. Iogica est déjà presque un vieil homme et c'est en le voyant saluer maman, qu'il n'a pas connue, que je mesure combien la vie a été cruelle : tous ont donc disparu, sa mère, ses frères et sœurs, étouffés par la censure sous le régime communiste et avant qu'elle ait pu renouer avec eux. Tous sont morts sans que rien ait pu être dit, pas un mot tendre, pas un adieu.

Le jour suivant, nous retrouvons l'église de Kobanya. C'était le rêve de maman d'entrer dans cette église construite par son père au temps où il était encore un jeune homme, sa première œuvre, et l'église où le premier mariage célébré fut celui... de ses parents ! Hasard du moment : on y célèbre justement un mariage, et tout le clan Vartan-Scotti se joint silencieusement aux invités de la cérémonie. Maman est émue et comme je la vois s'agenouiller je devine qu'elle remercie la Vierge pour ce double miracle : avoir sauvé l'église de son père quand tant d'autres ont été détruites par les communistes ou transformées en coopératives, et nous offrir ce mariage à l'instant où nous y entrons, comme le signe que rien ne se perd dans la mémoire divine.

Un peu plus tard, nous entrons dans une boutique d'antiquités, Tony achète secrètement un vieux cor d'harmonie qu'il fait emballer et offre à Eddie au moment où nous nous attablons tous pour prendre un verre. On voit l'amusement d'Eddie en découvrant son cadeau, et les yeux de maman couleur de miel s'illuminer quand il se met à jouer dans la grande salle du café. Elle est soudain joyeuse de revoir son fils heureux comme il le fut l'année de ses vingt ans, au temps de Frank Ténot, de Daniel Filipacchi et de *Pour ceux qui aiment le jazz*.

Le sourire tendre de maman qui se transforme en une sorte d'ivresse, le lendemain ou le surlendemain, quand dans un restaurant l'orchestre entonne soudain *Sombre dimanche*, cette œuvre de Rezsö Seress écrite en 1933 et qui devait être interdite par la suite dans les lieux publics, car elle poussait les gens à se suicider, disait-on. Maman se souvient d'avoir chanté et dansé sur *Sombre dimanche*, à Sofia, avant la guerre, et d'ailleurs on la voit à l'image chanter avec l'orchestre tout en essuyant discrètement ses larmes.

On dit que Rezsö Seress a écrit cette œuvre d'un trait, un dimanche, après que la femme qu'il aimait l'avait quitté soudainement :

Le dernier dimanche, tu reviendras, mon amour,
Il y aura un prêtre, un catafalque, un drap mortuaire,
T'attendront les fleurs, les fleurs et un cercueil,
Sous les arbres fleuris, ce sera mon dernier voyage,
Mes yeux seront ouverts pour te voir une dernière fois,
N'aie pas peur de mes yeux, je te bénirai bien que je sois mort,
Sombre dimanche.

Le voyage se termine devant la maison où a vécu maman l'année de ses sept ans, avant que la famille quitte Budapest pour Sofia. Une maison jaune, avec des portes vertes, dans laquelle a vécu avant elle le poète Attila József, découvre-t-on sur une plaque récemment posée.

Attila József (1905-1937) auquel on doit *De l'air*, magnifique poème révolutionnaire repris par les insurgés de Budapest en 1956 face aux chars soviétiques, et qui aurait pu être aussi l'hymne de nos parents :

Ce que vous appelez l'ordre, je m'y sens mal,
Cet ordre-là, je le refuse,

Maman…

De même que la vie confortable où s'installe
Celui qui a un peu d'astuce.
Je ne veux pas d'un peuple qui tremble en votant,
Qui mijote, l'œil bas, des avis de Normand,
Et qu'un repas funèbre amuse.

Ma conscience est mon seul maître.
Sommes-nous hommes, ou bien bêtes sauvages ?
Nous avons un cerveau ! Un cœur dont chaque coup
De tout dossier brise la cage.
Arrive, Liberté ! Enfante l'ordre vrai !
Que ta bonté l'enseigne, et laisse ensuite en paix
Jouer ton enfant bel et grave.

39

Ilona, Emma, Darina, Cameron…

Soudain, à partir de 1995, la famille s'agrandit.

Ilona vient au monde le 17 mai 1995. Je me rappelle les larmes silencieuses de maman quand David lui a présenté sa fille dans le petit salon de la clinique. Ce David qu'elle a élevé avec moi, à présent devenu père. Et père d'une petite Ilona, n'est-ce pas. Que ses parents aient choisi de lui donner le prénom de son arrière-grand-mère bouleverse maman au plus profond d'elle-même, et elle le ressent comme une ultime reconnaissance. Elle n'a pas fui la Bulgarie en vain, elle ne s'est pas battue en vain pour nous, ses enfants : grâce à elle et à papa nous avons connu la liberté et le bonheur d'être parents à notre tour. Et voilà que tandis qu'elle vieillit et songe secrètement à rejoindre son « cher amour », une autre petite Ilona voit le jour, vive et lumineuse, à l'image de celle qui vint au monde à Budapest un jour glacé de décembre 1914.

Je retrouve ces quelques lignes dans mes carnets : « Aujourd'hui, dimanche 25 août 1996, tout le monde est dans le jardin. Tony fume son cigare en lisant le *Los Angeles Times*, et Néné tricote. Elle finit cette petite robe bleu ciel et rose qui t'est destinée et qu'elle a commencée l'année dernière. Là, c'est la dernière ligne droite, et elle est décidée à la terminer au plus vite, car tu grandis, tu grandis si vite ! »

Emma vient au monde le 13 septembre 1997. La seconde fille d'Estelle et David a des yeux d'un bleu profond, magnifiques, où l'on devine, sous l'appétit de vivre, une étonnante sérénité. Je ferai d'elle dans les bras de son père, puis dans ceux de son arrière-grand-mère, les photos les plus touchantes de mon album. Maman va bientôt fêter ses quatre-vingt-trois ans et elle regarde cette petite fille avec une tendresse qui me bouleverse.

Darina voit le jour le 8 octobre 1997 à Sofia. Darina qui va devenir notre enfant, mais nous ne sommes pas auprès d'elle pour sa naissance. Nous ne la verrons pour la première fois que le 27 novembre de la même année, à sept semaines, et nous ne la retrouverons que six mois plus tard, le 21 mai 1998.

Durant ces cent quatre-vingts jours qui nous ont paru interminables, le téléphone n'a cessé de sonner entre notre maison de Los Angeles et celle de mon amie Fanny, à Sofia, qui veillait sur notre petite fille.

Comment s'écoulent les jours pour elle ? Lui parle-t-on ? Se trouve-t-il une femme pour la regarder de temps en temps et lui glisser une caresse ou un mot tendre ? Que peut-elle imaginer ? Songer à sa solitude nous serre le cœur. Pour tromper l'attente, nous envoyons des colis de vêtements, de jouets, de médicaments, et nous recevons en retour les photos que Fanny parvient à prendre de Darina. Elle nous assure qu'elle est une enfant épanouie et souriante et nous nous efforçons de le croire.

Sa chambre l'attend, c'est celle qu'occupait David au temps du collège, voisine de celle de maman. Je l'ai fait retapisser en rose et je trompe mon impatience en remplissant son armoire de vêtements adorables.

Tony trouve un autre stratagème pour rendre l'attente moins insupportable : il nous emmène tous en vacances sur une île des Caraïbes, les Scotti, les Vartan, et la famille de David. Il y a bien longtemps que nous ne nous sommes pas retrouvés tous ensemble avec de longues journées pour bavarder. Je souris de l'amitié qui lie Ann et maman, et je dévore de baisers Ilona et Emma. Chaque fois que j'entends le rire d'Emma, je ne peux m'empêcher de penser à ma Darina qui est si loin de nous.

Enfin ça y est, elle est là, dans nos bras. Ce 21 mai 1998, c'est une doctoresse, Mme C., qui nous la confie pour toujours dans la chambre d'hôtel que Tony et moi avons prise à Sofia. « Trois petits coups à la porte, écris-je ce soir-là dans mon carnet : elles sont là ! Oh, mon Dieu ! Petit amour... Elle a déjà tellement grandi et elle est toujours jolie comme un cœur. Un regard gris-bleu si délicat, si touchant, deux dents minuscules, et toujours ce teint fragile de porcelaine, une vraie poupée. Mais elle gazouille, pas du tout effrayée. Ça y est, l'attente est finie, ce n'est plus qu'une longue épreuve dont on se souviendra et qu'on lui racontera un jour. »

Cette même année 1998, Maria nous rejoint à Los Angeles. Elle a perdu son mari, ses enfants sont grands, elle a besoin d'entendre combien on l'aime après ces années de ténèbres. Maria, qui est bien plus pour maman et moi qu'une nièce et cousine, qui est la mémoire vivante de ceux que nous avons perdus, et aussi l'intelligence et la bonté faites femme.

« Mai 2000, écris-je dans mon journal. Notre Darina a deux ans et demi. Elle illumine notre vie. Elle est intelligente, joyeuse, très vive. Elle comprend le français et l'anglais et babille dans les deux langues avec facilité. Elle aime les livres et les histoires, les dessins animés, Dumbo, Mowgli, Cendrillon. Elle adore mettre ses jolies robes. Elle aime les tomates, le pain et le fromage. Elle n'aime ni les mangues ni les cerises. Quel bonheur cet enfant ! »

Enfin Cameron voit le jour le 7 octobre 2004. David a rencontré Alexandra, ils se sont mariés quelques mois plus tôt et ce petit garçon adorable vient sceller leur amour.

Ainsi maman aura-t-elle eu la joie, dans les dernières années de sa vie, de connaître Alexandra et son arrière-petit-fils. De voir David de nouveau heureux et comblé. Et de me savoir, moi aussi, apaisée et sereine au côté d'un homme, Tony, qu'elle a aimé comme son fils et en qui elle avait une confiance absolue.

Elle est partie tranquille, me dis-je, sachant chacun d'entre nous sur le bon chemin, et chaque jour cette pensée me réconforte.

40

La vie sacrifiée d'Eddie

La mort d'Eddie, le 19 juin 2001, vient soudain assombrir notre ciel rempli de rires d'enfants.

Il allait bientôt fêter ses soixante-quatre ans, on aurait voulu qu'il vive encore des années, on aurait voulu le voir apaisé et heureux, enfin, mais lui n'en pouvait plus de vivre et il ne faisait même plus l'effort de donner le change.

Il fait une chute violente au début du mois de juin, et quand nous apprenons son accident, maman et moi nous envolons aussitôt pour Paris. Arrivées de Los Angeles le 9 juin, nous ne le reverrons plus conscient, et maman veillera son fils durant dix jours, agenouillée, priant, éperdue de chagrin.

Eddie était un artiste, un homme merveilleux, d'une immense sensibilité, mais la vie n'aura cessé de lui résister. J'aime ces photos de lui enfant, pendant la guerre, à Lakatnik, où on le voit jouer avec ses copains dans une cour de ferme, les cheveux en bataille, débraillé, l'œil vif et malin. Ce doit être l'été 1943, il a six ans, je ne suis même pas conçue et je devine sur lui le regard énamouré de nos parents. « Mon premier-né », aimait à dire maman avec fierté. La connaissant, je sais combien elle a dû prier pour que la guerre l'épargne, pour que les bombes qui commençaient à s'abattre sur Sofia ne tuent pas son père, pour que l'avenir lui soit clément, pour qu'il s'épanouisse...

Mais au contraire de moi qui suis servie par ma jeunesse, Eddie prend de plein fouet les difficultés de nos parents. Il a treize ans quand le couple et le gros homme viennent occuper notre appartement de Sofia et que nous nous retrouvons relégués dans une seule pièce. Quatorze ans lorsque papa perd son travail à l'ambassade de France et que nous nous enfonçons dans la misère. Quinze ans lorsque nous fuyons la Bulgarie pour nous entasser à quatre dans la petite chambre de l'*Hôtel d'Angleterre*. Autant dire qu'on lui a volé son adolescence.

L'arrivée en France est sûrement pour lui un traumatisme en dépit du soulagement de nos parents : rétrogradé à l'école, moqué pour sa taille puis pour les premiers mots de français qu'il ânonne, il dort dans le lit de notre père à cet âge où les garçons ont leur premier flirt et partent à la conquête du monde. Il a tout partagé de notre odyssée, jusqu'à la peur de nos parents d'être arrêtés et de disparaître, nous laissant orphelins.

Comment pourrait-il se plaindre de son sort alors que nous sommes « sauvés » ? C'est pourquoi il se tait.

Sa vie commence réellement l'année de ses dix-neuf ans, quand nous sommes à Clichy-sous-Bois et qu'il peut enfin se préoccuper de lui, de ce qui l'intéresse, son baccalauréat en poche. Alors il décolle, devient en quelques mois seulement un jazzman éblouissant, interprète, auteur, compositeur, puis directeur artistique et producteur. Un autre aurait peut-être envoyé promener les siens, mais pas lui. Eddie a le cœur écorché et tendre d'un Attila József : il est avec moi quand nous achetons Loconville et il est encore avec moi quand il faut convaincre nos parents de cesser de travailler et d'accepter cette maison.

Quand il rencontre la jolie Doris, hôtesse de l'air américano-polonaise, nous pensons tous qu'il a bien mérité ce bonheur. Mais le flamboiement tourne au cauchemar et bientôt Doris le quitte pour s'installer aux États-Unis avec Michaël, leur fils. Eddie ne se remettra jamais de l'arrachement de son enfant. Plus tard, Florence lui redonnera le goût du bonheur, ils s'installeront à Loconville avec leur fils Nicolas, et maman sera heureuse de les savoir dans la maison familiale. Cependant Eddie sera rattrapé par ses démons après quelques années de grâce, comme vaincu par la cruauté de la vie.

Il ne joue plus guère de musique, il boit et fume beaucoup, comme s'il cherchait à s'abstraire d'un monde qui ne lui a pas donné la place qu'il espérait.

Jamais je n'oublierai cette image insupportable : maman agenouillée devant le cercueil de son fils. Sa douleur me brise le cœur. Elle réveille celle de notre premier grand deuil – la mort de papa, vingt et un ans plus tôt. D'ailleurs, nous enterrons Eddie à côté de lui, dans le petit cimetière de Loconville.

41

« Depuis la mort d'Eddie, tu n'en finissais pas de mourir »

« Il est vingt et une heures à Paris, le téléphone sonne, c'est Maria. Elle est très inquiète, maman est au plus mal et l'avis du docteur Karpman est qu'il faut la transporter au plus vite à l'hôpital. Je sens le sol se dérober sous mes pieds. Trois minutes plus tard, nouveau coup de fil. Tony prend les choses en main, il appelle le bureau pour régler les réservations : nous partirons dans six heures sur le premier vol pour Los Angeles. En attendant, j'entasse quelques affaires dans une valise comme un automate, les yeux pleins de fièvre, le ventre noué. Vais-je la revoir vivante ? Mais comment faire plus vite ? Nous sommes si loin. Je réveille ma Darina qui ne comprend rien. Vite, vite, l'habiller, la coiffer, rassembler ses petits vêtements. Rappeler Maria, lui confirmer que nous revenons. Qu'elle le glisse à l'oreille de maman. Dans une quinzaine d'heures nous serons là, près d'elle. »

Je relis mon journal écrit au fil de ces mois terrifiants de l'année 2007. La dernière. Maman est morte le mardi 26 juin 2007 à 20h45.

« Los Angeles, 17 juin. Dans deux jours ce sera l'anniversaire de la mort d'Eddie. Vas-tu partir le même jour pour le retrouver ? Depuis ce 19 juin 2001, tu n'en finis pas de mourir. J'ai passé la nuit à côté de toi, recroquevillée dans la petite place qui reste dans ton lit. Je n'ai pas fermé l'œil, caressant ta main, embrassant tes yeux, ton front, tes cheveux. Je ne peux pas réaliser que d'ici peu je ne t'aurai plus, que je ne pourrai plus te voir, te toucher, te regarder. Je ne peux pas croire que tu vas me quitter, maman, que tu deviendras un souvenir. Je t'aime tant, tu m'accompagnes depuis tant d'années, comment vais-je faire sans toi ? Je me serre un peu plus contre toi pour mieux te sentir, je prends ta main et je la pose sur mes joues pour que tu me caresses encore et encore, comme tu l'as fait tant de fois, mais elle est sans ressort, ta main, on dirait une fleur fanée. C'est moi qui la fais bouger, qui la pose sur mes joues, sur mon front. Oh, maman, comment vivre sans toi ? Toi qui trouvais toujours les mots justes pour me consoler. Tu ne peux plus rien pour moi, et moi je ne peux plus rien pour toi. Tu es clouée sur ce lit, j'entends ta respiration rythmée par la machine. Tu es là, presque sans vie, plus aucune réaction, mais ton cœur bat. Il bat toujours ton cœur immense. Ton corps t'a trahie, mais pas ton cœur. Lui résiste. Je pose mon oreille sur ta poitrine pour pouvoir l'entendre encore, comme quand je dormais dans ton lit dans notre petite chambre de l'*Hôtel d'Angleterre*. Je me sentais si bien dans ta chaleur, je t'entendais respirer, tu me serrais un peu plus, rien de mal ne pouvait m'arriver. J'aurais voulu ne jamais grandir et rester une enfant dans tes bras pour l'éternité. »

Cette image impossible : maman agenouillée devant le cercueil d'Eddie. Après la mort de papa, elle avait trouvé la force d'aller régulièrement au cimetière. Mais après la mort d'Eddie elle n'y est plus retournée. C'était une souffrance insurmontable. Quand on passait par Paris, je lui proposais malgré tout qu'on y aille ensemble, mais elle a toujours dit « non ».

— Ma petite chérie...

— Ne dis rien, maman, tu n'as rien à m'expliquer.

Je prenais sa main, je la serrais fort, je l'embrassais.

— Je n'aspire plus qu'à une chose, tu sais, c'est de le rejoindre.

Alors moi, soudain folle de douleur, ou de colère :

— Il n'en est pas question, je te l'interdis. Tu m'entends ? Tu m'entends, maman ? Je veux que tu vives, j'ai besoin de toi, je ne pourrais pas me passer de toi. Je veux que tu vives, dis-moi que tu vas vivre. Dis-le-moi encore !

Évitant soigneusement de parler de mort, de répéter tout haut ce que je lui avais dit enfant : « Dis, maman, tu ne vas pas mourir, hein ? » Comme si le seul mot « mort », n'est-ce pas ?

Maman, de nouveau le cœur déchiré entre ses deux enfants, son fils qu'elle aurait voulu rejoindre et moi qui la suppliais de rester, de ne pas m'abandonner.

— Viens, parlons d'autre chose, disait-elle à la fin. Ma petite fille adorée, mon cœur, pour le moment je suis là.

Elle cherchait ses cigarettes, elle en allumait une et je voyais son visage s'apaiser.

Depuis quand fumait-elle ? Dans mon souvenir, depuis l'*Hôtel d'Angleterre*, mais en vérité depuis la mort de son père. Des Lucky Strike. J'adorais les paquets sous Cellophane, blancs, avec le rond rouge. « Ma petite chérie, va donc m'acheter un paquet de cigarettes au coin de la rue. » J'y courais. C'était son plaisir, son réconfort. À l'époque, on ne savait pas que c'était dangereux, que des millions de personnes allaient mourir prématurément du tabac.

Quand on l'a su, et qu'avec David on a commencé à lui faire la guerre, elle nous rétorquait qu'il fallait bien mourir de quelque chose. Je me rappelle un voyage que nous avions fait tous les trois dans le nord de la Californie, David devait avoir une douzaine d'années. Elle fumait tellement qu'on ne pouvait plus respirer dans la voiture.

— Arrête de fumer, Néné. S'il te plaît, arrête de fumer.

Je m'y étais mise aussi, lui expliquant qu'on ne voulait pas qu'elle s'abîme la santé, qu'elle devait penser à nous et, finalement, tout cela l'avait tellement contrariée qu'elle s'était mise à pleurer.

On a essayé de repousser l'échéance, mais depuis la disparition d'Eddie la mort était entrée dans la maison, elle rôdait, elle était là, partout, je la sentais. Et maman voulait que je m'y prépare. Elle disait : « Tu sais, je ne suis pas éternelle, le jour va venir où je vais partir retrouver tous ceux que j'aime. » Je luttais, parfois même je m'entendais crier dans notre grande cuisine : « Maman, je t'interdis !... Est-ce que tu n'es pas heureuse, là, en ce moment ? Tu nous as tous près de toi. J'ai besoin de toi, Darina a besoin de toi, pour elle tu dois vivre. Et pense à David, à Cameron, à Ilona, à Emma. Pense à Michaël et Nicolas, tous ces enfants qui t'apportent tellement de joie. Pense à Tony qui t'aime autant que sa propre mère. » Elle acquiesçait silencieusement, mais il n'y avait déjà presque plus de lumière dans ses beaux yeux couleur de miel.

Les siestes sont devenues plus longues au fil des mois. En redescendant de sa chambre, un peu avant le dîner, elle paraissait épuisée, mais elle trouvait la force de nous sourire, d'embrasser Darina, de caresser ma joue, et elle avait encore des petits plaisirs, son whisky du soir qu'elle partageait parfois avec Tony, et sa cigarette.

Puis elle est devenue toute frêle, comme si son corps s'effaçait petit à petit. Elle n'avait plus aucune force dans les bras, ses mains ne pesaient presque plus rien, mais elles étaient encore chaudes. Je me disais en moi-même : « Le moment approche, un jour ses mains que j'aime tant seront dures et froides comme de la pierre. Je dois m'y préparer, je dois être forte. »

Il y eut une première hospitalisation. Les médecins évoquèrent un emphysème pulmonaire magistral et irréversible, et ce jour-là nous comprîmes que ses poumons étaient complètement brûlés par le tabac, qu'on ne la guérirait pas. Elle n'avait pas de cancer, mais elle n'avait pratiquement plus de capacité respiratoire.

Je ne voulais pas la laisser seule une journée de plus à l'hôpital, et nous prîmes la décision de médicaliser sa chambre pour qu'elle puisse vivre ses derniers mois avec nous, à la maison.

Puis il fallut lui poser une intubation trachéale, et à partir de ce moment elle ne put plus parler, si ce n'est par monosyllabes. Je mourais avec elle, c'était une souffrance abominable. Les infirmières se relayaient à la maison jour et nuit, et moi je ne la quittais plus. Je lui caressais les cheveux, je l'embrassais, je lui répétais combien je l'aimais, combien elle avait été pour moi un modèle, un exemple. M'entendait-elle encore ? Elle me regardait silencieusement avec cette unique demande au fond des yeux : « Laisse-moi partir maintenant. Je sais la peine que ça te fait, mais laisse-moi partir, je n'en peux plus. »

Je dus faire un aller-retour à Paris, et pendant cette absence de quelques jours elle arracha son intubation. La plaie était à vif, Tony l'emmena à l'hôpital au milieu de la nuit et à mon retour la question se posa de prolonger ou non son martyre.

Cette ultime journée, j'ai prié de toutes mes forces pour que le Seigneur et la Vierge abrègent ses souffrances. Et maman est partie à l'heure où le soleil couchant jetait une ombre dorée sur le jardin.

Table

L'oiseau noir 11
Dans ses bras 17
1984 25
Sur un traîneau piqué de perce-neige 31
Un don du ciel 39
Le temps des larmes 45
Guirlandes et drapeaux rouges 53
Une famille bourgeoise 59
La gloire bafouée du père 65
Les deux hommes de sa vie 73
D'après photos 81
Un petit coin de paradis 87
Les bonbons de l'oncle Staline 93
Apprendre à se taire 101
« Ma chère petite maman, épuisée, amaigrie… » 109
Français ! 115
« Arrivé à la frontière, le train s'est arrêté… » 121
Noël à Paris 129
Un colis en provenance de Sofia 135
Madame Vartan 141
Rêveuse 147

Maman…

Ils chantent à Paris et pleurent à Sofia 153
Lumière d'automne 159
Eddie, l'homme-orchestre 165
« C'est ma fille, ma petite fleur,
et on la jette en pâture à ces bêtes sauvages » 171
Moi, porte-flambeau de la rébellion ? 177
Loconville, ou la réparation 181
Dans la plus stricte intimité 189
Un soleil dans un ciel d'orage 195
« Georges, tu ne veux pas nous jouer
un peu de piano, comme au bon vieux temps ? » 201
Mon journal, 1972 (extraits) 207
Est-ce notre destin de fuir
la misère, l'oppression ? 211
« Parfois, je rêve d'être un arbre
et que mon feuillage vous préserve
des tempêtes du monde… » 217
Tony, cet accident phénoménal
venu télescoper ma solitude 223
La Maritza à Las Vegas 227
Se souvenir 233
Sofia sans elle 239
Retour à Budapest 245
Ilona, Emma, Darina, Cameron… 251
La vie sacrifiée d'Eddie 257
« Depuis la mort d'Eddie,
tu n'en finissais pas de mourir » 261